초등 특수교사들의 수업이야기

그림책아 놀자

그림책아 놀자~! 초등 특수교사들의 수업이야기

1판 1쇄 발행_ 2023년 11월 30일

지은이 그림책아 놀자! 특수교사 학습공동체
 (고유미, 가은혜, 오정민, 김윤희, 한나, 오진아, 정다현, 이정인, 정혜연)

그림 오햇님

발행인 임종훈

디자인 인투

출력/인쇄 정우 P&P

주소 서울시 마포구 방울내로 11길 37 프리마빌딩 3층

주문/문의전화 02-6378-0010 **팩스** 02-6378-0011

홈페이지 http://www.wellbook.net

발행처 도서출판 웰북 **정가** 18,000원

ISBN 979-11-86296-90-5 03370

이 책은 저작권법에 따라 보호받는 저작물이므로 무단전재와 무단 복제를 금지하며,
이 책 내용의 전부 또는 일부를 이용하려면 반드시 저작권자와 도서출판 웰북의 서면동의를 받아야 합니다.

이 책은 충청남도교육청 '2023 미래를 이끄는 교원 책 출판지원사업'으로 기획 출간하였습니다.

* 잘못된 책은 바꾸어 드립니다.

초등 특수교사들의 수업이야기 릴레이 수업

그림책아 놀자

글·그림 그림책아 놀자! 특수교사 학습공동체

저자 소개

01 고유미

'아이들과 더불어 신나는 행복한 삶'을 꿈꾸며, '그림책아 놀자! 특수교사 학습공동체'를 통해 교사로서도 성장하는 기쁨을 누리고 있어요. 그림책을 통한 생생한 교실 속 배움으로 아이들이 꿈을 향해 훨훨 날아오르길 바라는 마음을 담았습니다.

02 가은혜

아이들이 배우고 성장할 때 교사도 함께 자란다는 생각으로 임하고 있는 교사입니다. 다양한 생활 주제가 어우러지는 수업을 통해 행복감을 알려주고자 그림책을 활용하고 있습니다.

03 오정민

아무리 책장에 재미있어 보이고, 신기한 책을 꽂아 놓아도 거들떠보지도 않던 아이들이 수업 시간에 함께 읽은 책은 꼭 다시 한번 모습을 보고 그림책 활용 수업을 결심하게 되었습니다. 한 달에 한 권의 책을 아이들과 함께 읽고 수업하는 것을 목표로 하고 있습니다. 손으로 직접 만들거나 그리는 활동을 좋아합니다.

04 김윤희

교사이자 7살 난 아들 맘입니다. 책의 힘을 믿기에 가정에서는 책 육아, 교실에서는 그림책 수업을 하고 있습니다.

05 한나

아이들이 행복한 마음으로 자라는 교실을 만들고 싶은 5년 차 교사입니다. 아이들의 옆에 서서 아이들의 마음을 닮은 그림책으로 함께 세상을 바라보며 배웁니다.

오진아

아이들에게 그림책을 좀 더 재미있게 읽어주기 위해, 아이들이 그림책을 잘 보게 하려고 저의 교실 곳곳에는 그림책 관련 물건들이 차곡차곡 쌓여가고 있어요. 좋아하는 그림책 한 권을 뽑아 들고 읽어달라며 쪼르르 달려오는 사랑스러운 아이, 제가 그림책을 사랑할 수밖에 없는 이유입니다.

정다현

그림책을 통하여 학생들과 함께 성장하고 있는 교사입니다. 책이 주는 위로와 긍정의 힘을 학생들에게도 전해주고 싶어 그림책 수업을 하게 되었습니다.

이정인

그림책의 팔색조 같은 매력에 푹 빠져 있는 교사입니다. 그림책 하나로 다양한 질문이 쏟아져 나오고, 마음이 치유되며 상상의 세계를 마음껏 펼칠 수 있어 우리 교실은 늘 활기가 넘치고 행복합니다.

정혜연

소소하지만 모두가 행복한 교실을 만들고 싶은 교사입니다. 책이 주는 편안함과 즐거움을 알고 제가 만나는 아이들과 나누고 싶어 그림책 수업을 하고 있습니다.

오햇님

웃음과 감사가 가득한 행복한 배움터를 꿈꾸며 그림을 그리는 교사입니다. 쉽게 접할 수 있지만 많은 의미를 전하고 있는 그림책이 좋아서 그림책 수업을 하고 있습니다.

그림책아 놀자! 발자취

2017
충남초등특수교육연구회 그림책 연수에 참가한 선생님들을 중심으로 그림책으로 교사와 아이들의 삶이 함께하는 수업디자인을 꿈꾸기 시작했어요.

2018
그림책아 놀자! 특수교사학습공동체(회원 13명)를 시작으로 교실의 벽을 낮추고 더불어 성장하는 따뜻한 변화가 일어났어요.

2019
'선생님이 더 좋아하는 그림책 특강'을 운영하며, 그림책에 대한 이해와 수업자료 개발과 공유를 통한 미래핵심역량을 기르는 수업방안을 탐구했어요.

2020
그림책아 놀자 회원(18명)이 '그림책아 놀자 자료집'을 제작하여 도내 희망하는 교사들에게 그림책 활용수업자료를 무료 배포했어요.

그림책아~! 놀자

교실 속에서 함께 성장하는 학생과 교사를 꿈꿔요.

2021
코로나19 시기에도 온라인 모임을 병행하며 그림책을 활용한 일상수업 나눔에 대한 성장에 대한 기록을 이어 갔어요.

2022
지속적으로 특수교사의 연대를 통해 학습장애부터 장애정도가 심한 학생까지 지도할 수 있는 교육과정 실천가이자 전문가로서의 자긍심을 쌓아가요.

2023
그림책 수업으로 학생과 교사가 모두 성장하는 행복한 교실을 만들기 위해 정기적으로 릴레이 수업 나눔을 한 교육 사유를 기록하고 있어요.

2024
각자가 꿈꾸는 행복한 교실을 위해 앞으로도 따뜻한 울타리 안에서 서로를 위해 이끌어 주고 위로하며 나아갈 거예요. 이러한 모든 과정과 결과가 학생들이 행복한 오늘이기를 바라면서요.

들어가며

배움의 크기가 다채로운 특수교육 대상 학생들과 만나는 교실에서는 삶과 연결된 역량이 중요해요. 특수교사들은 시각장애, 청각장애, 지적장애, 정서·행동장애, 자폐성 장애, 학습장애 등을 포함한 다양한 특수교육 대상 학생들을 교실에서 가르쳐요. **그림책아 놀자! 초등 특수교사들의 수업 이야기**는 그림책을 활용한 교육과정 재구성을 통해 삶과 연결하기 위해 교실 문을 열고 나온 특수교사들의 연대와 그림책 활용 수업의 전문성을 담은 성장기예요.

이 책은 그림책 활용 릴레이 수업 나눔 주제인 **1장 '관계 맺기', 2장 '마음 통통', 3장 '새싹 문해력'**으로 현장에서의 고민과 수업 방법을 담았어요. 교과서와 칠판을 보며 선생님의 설명을 듣는 일반적인 형태의 수업에는 참여가 어려운 특수교육 대상 학생들에게 어떻게 하면 꼭 필요한 지식, 기능, 태도를 가르칠 수 있을까를 고민하다 그림책을 활용한 주제 중심 통합수업으로 아이들의 흥미를 유발할 수 있다는 것을 몸소 체험한 교사들이 각자의 수업 장면을 공유하고 그림책을 중심으로 교육과정을 재구성한 릴레이 수업 나눔 과정이 담겨있어요. 이를 통해 학생 개개인성에 초점을 두는 우리의 고민 및 발자취들을 그림책에 관심이 있는 모든 교사와 특수교육 대상 학생을 둔 보호자, 그림책 활용 프로젝트 수업에 관심 있는 분들과 아낌없이 나누고자 해요.

특수교육이란 특수교육 대상자의 교육적 요구를 충족시키기 위하여 특성에 적합한 교육과정 및 특수교육 관련 서비스 제공을 통하여 이루어지는 교육을 말한다.

초등 특수교육 현장을 잠시 들여다보면, 특수학교와 일반 학교 내 특수학급, 통합지원반, 학습 도움반 등 명칭으로 불리우는 교실에서 발달지체 장애, 자폐성 장애, 지적장애 등 장애 유형과 정도가 다양한 학년의 특수교육 대상 학생들의 개별적 요구에 적합한 교육을 하고 있어요.

닮은 사람들이라서: 우리들이 모인 이유

특수교사는 참 고민이 많아요. 모든 교사가 그러하겠지만, 학년도 능력도 개개인성이 들쭉날쭉한 학생들을 지도하는 특수교사에게는 특히 그러해요.

몇 평 남짓 교실 안에서 선생님들은 저마다 '아이들에게는 어떤 것이 영양가가 있을까?' 수업 레시피를 고민해요. 대다수의 선생님들이 학교를 벗어난 후에도 학생들 걱정을 집까지 안고 가, 어떤 날은 혼자 속앓이를 하고 계실 것을 잘 알아요. 저 역시 그렇고요. 어느 날 관내 출장 후 몇몇 선생님과 이야기 나눌 기회가 생겼어요. 우연치 않게 이런 고민들이 나도 모르게 흘러나와 함께 이야기를 나누었어요. 경력이 많은 20년차 넘는 선생님, 이제 현장에서 열의에 충만한 신규 선생님과 대화를 나누며, 활자로 되어 있는 교육과정을 학생의 삶에 녹이기 위해 모두 필사적으로 애쓰고 있음을 보았어요.

그날 저녁거리 고민하듯 매일 하는 학생들 생각 '그림책아 놀자' 전문적 학습공동체 선생님들이 모인 이유예요. 이 책에는 닮은 생각을 가진 선생님들이 삼삼오오 그림책을 읽고, 선물 보따리처럼 아이디어를 풀어놓고, 가을 알밤처럼 학급 이야기들을 즐겁게 주워가는 학습공동체의 경험담들이 담겨져있어요. 함께 그림책 연수를 듣고 퇴근 후까지 학생들의 생각을 혼자가 아닌 동료들과 나누는 기쁨은 교사로서 자긍심과 만족감을 느끼게 하지요. 외로운 섬과 같은 혼자가 아닌, 교실 속 생동하는 학생들의 이야기를 공유하고 나누며 우리는 그림책 활용 릴레이 수업 나눔을 이어가고 있어요.

찾기 쉬운 놀잇감: 특수교육에서 그림책이 중요한 이유

개별화 교육은 특수교육의 꽃이라고 불려요. 특수교사들이 가장 잘하는 일. 학생의 장애 특성, 교육적 요구 등을 파악하여 '교육과정을 재구성'하는 것이에요. 학생들에게 낱자 자체로 제공하기보다 딱딱한 교과서를 먹기 좋게 재구성해요. 하지만 가장 잘하는 일인 만큼 많은 시간과 정성, 전문성이 필요하지요.

수업의 한 재료로써 그림책은 여러 방면으로 즐거움을 제공하는 훌륭한 도구예요. 글 읽기에 익숙하지 않고 낮은 자신감과 학습된 무기력을 보이는 특수교육 대상 학생들에게 그림책은 공부보다는 놀이로써 다가오는 재료이지요. 수업에서 가장 중요한 것은 교사가 아닌 학생이어야 해요. 하지만 교사가 일방적으로 준비하는 수업에는 한계가 있어요. 그런 의미에서 그림책은 학생들의 관심과 흥미를 주는 재미있는 놀잇감이자 언어와 인지발달에 도움이 되며 학생들의 바른 인성을 기르는 길잡이 역할이 되기도 해요. 주인공의 처지에 따라 감정이입을 할 수도 있고, 다른 사람에 대한 공감적 이해, 존중하는 태도를 보이게 해주기도 해요.

특수교사는 학기 시작 전 시간표를 작성할 때 시간표를 조정하여 여럿이 함께 듣는 주제 중심 통합수업을 계획하기도 해요. 의사소통, 협력, 공감, 배려 등의 역량은 한 명, 두 명일 때보다 여러 학생과 함께 하는 활동 속에서 빛을 발해요. 하여 주제 중심 통합수업 그 중심에는 그림책 수업이 있어요. 물론 생일 잔치와 같은 요리 활동, 이벤트, 행사, 신체활동 등 다양한 것을 해보았어요. 하지만 일회성 활동에서 벗어나 교육과정을 재구성하여 특수교육 대상 학생들의 역량을 지속해서 키워주기에는 그림책 활용 수업으로 맛보고, 즐기고, 나누는 활동이 적합했어요. 그림책은 단순한 책으로서의 의미뿐만 아니라, 학생들의 삶과 연결된 수업재료가 되어 사회와 연결해 주는 창이 되어줘요.

책으로 들어갑니다: 전문적 학습공동체 우리만의 방식

'아이는 절대로 책을 읽지 않습니다. 책으로 들어갑니다.'라는 광고 문구가 눈에 들어왔어요. 책을 책으로만 읽고 끝내지 않는다는 것은 아이들과 같이 교사도 마찬가지예요. 책에서 내용 요소를 추출하여 문서로 만든 교육과정을 적용하고 개개인의 특성에 맞는 수업을 각각의 학생별로 지도하는 일은 생각하는 것처럼 이상적이지도 쉽지도 않아요. 교사 역량이, 전문성이 필요한 이유이죠.

교실의 색깔에 따라 그림책을 활용하여 교육과정 적용해 보는 것. 그것이 '그림책아 놀자' 전문적 학습공동체만의 방식이에요. 그림책으로 학생들도 놀고, 교사도 즐겁게 놀면서 수업하는 것.

고민되는 순간들은 매일 찾아와요. 학생별 학년에 맞지 않는 교육과정의 성취 기준과 도전 행동으로 불리는 자해나 공격행동으로 인해 계획한 수업 내용보다 학생의 안전과 생활지도가 우선될 때가 많아요. 다른 학생의 수업권에 대한 고민, 일상생활을 위한 신변처리 지도까지 다양한 요구를 가진 학생들의 능력과 수준별 개별화수업을 위해 학생별 교재개발 연구가 필요해요. 하지만 시급하게 다뤄야 하는 공문서와 업무처리, 다양한 수준의 학생들이 한 시간에 함께 수업받게 되는 등 다양한 현실의 벽에 부딪혀요.

무엇보다 이러한 고민을 진정성 있게 마음을 나누며 함께 해결할 수 있는 동료 교사를 학교 안에서 만나기란 쉽지 않아요. 이에 생각을 함께하는 동료 교사들과 그림책 연수를 듣고 차근차근 경험을 쌓아온 교사들과 함께 학교 밖 전문적 학습공동체(그림책아 놀자)를 시작하게 되었죠. 이러한 수업 나눔 주제를 그림책을 활용한 교육과정 재구성을 통해 '**관계 맺기, 마음 통통, 새싹 문해력**'으로 펼쳐냈어요. 이를 위해서는 교사의 교육과정 문해력이 필요해요. 교사 학습공동체의 그림책 릴레이 수업 나눔 활동을 통해 교사에게 가장 중요한 수업하는 역량이 성장했어요.

그림책, 교육과정 문해력을 말하다.

'문해력 논란' 현대인들의 낮은 문해력이 사회적 문제로 대두되면서 학교 교육과정의 혁신이 요구되고 있어요. 국어교육계에서는 기초학력 부진 학생에 대한 기초 문해력 강화가 주요 현안이 되었죠. 특히 초등학교 저학년 시기의 한글 해득, 기본적인 읽기 및 쓰기 능력의 향상 등을 목표로 두는 기초 문해력 교육 내용의 강화가 요구되고 있어요.

오늘날에 들어서 문해력의 '문(文)'은 글, 문장 등에 따른 문자 매체만을 가리키지 않아요. 근래 많이 쓰이고 있는 미디어 리터러시, 데이터 리터러시라는 용어를 보면, 문해력은 여러 종류의 매체 및 데이터의 차원으로 확대되었다는 것을 알 수 있어요.

> 2022 특수교육대상 교육과정 총론 中
> 이를 위한 교육과정 구성의 중점은 다음과 같다.
> 모든 학생이 학습의 기초인 언어·수리·디지털 기초소양을 갖출 수 있도록 하여 학교 교육과 평생 학습에서 학습을 지속할 수 있게 한다.

교육과정 문해력이란 즉, 교사가 성취 기준을 읽고 해석하여 학생의 성장, 발달에 적합한 수업을 고안·실천하고, 성취 정도를 평가·환류하는 것을 말해요. 즉, 교육과정을 이해하고 활용할 수 있는 것으로, 성취 기준과 교과서 간의 연계성을 파악 및 재구성하여 수업에 적용할 수 있는 깊이 있는 해석과 지역, 학교, 학생의 장애 특성과 교육적 요구에 알맞은 적용 능력이 필요해요.

교사 교육과정이란 교사의 철학과 자율성, 책임성을 바탕으로 학생들과 함께 만들어 가는 교육과정이며, 이를 위해서는 교육과정을 이해하고 적용하며 재구성할 수 있는 전문성이 필요해요. 특수교육 대상 학생들에게 개별화 교육을 위해서는 특수교사는 공통 교육 과정부터 기본교육 과정에 대한 단순 이해가 아닌 학생별 능력과 요구에 따라 맞춤형으로 적용할 수 있는 교육과정 문해력이 요구돼요. 그림책을 수업재료로 알맞게 활용하기 위해서는 특히 그러해요.

 관계 맺기: 특수교육 대상 학생의 사회성 발달

사회성이란? 사람은 태어나면서부터 다른 사람과의 상호작용을 시작해요. 그리고 점차 '사회적인' 사람으로 거듭나죠. 즉, 사람으로서 태어나면서 가지게 되는 기본권의 의미로 사회성을 바라볼 수 있어요.

사회성은 자아 발달에서 타인인지로 이어지는 우리 학생들이 사회 공동체의 일원으로서 성장하기 위해 꼭 필요한 역량이에요. 다른 사람들과의 관계 속에서 원만히 사회적인 활동을 수행하기 위하여 개인을 중심으로 상대방을 인지하고 타인과의 갈등, 문제해결을 통해 이해와 배려, 존중을 토대로 올바른 행동을 하게 하도록 하죠.

학령기 특수교육 대상 학생들이 가지고 있는 개인의 특성과 능력을 고려하여 원만한 또래 관계를 형성하고 우리 사회 속 공동체 일원으로 자라는 데 사회적 관계 맺기는 매우 중요해요.

'친사회적 행동'[1]은 사회적 기술과 사교성의 의미를 내포하고 있는 용어로써 개인이 보상을 바라지 않고 타인을 이롭게 하기 위한 목적으로 하는 행동을 말해요. 따라서 친사회적 행동을 수행할수록 바람직한 사회적 기술이 발달하고 인간관계가 증진되는 효과를 기대할 수 있어요.

---

1) 출처: 사회적 상황이야기 중재가 ADHD 아동의 친사회적 행동에 미치는 영향, 김현숙, 2019

학생들은 초등학교 입학을 기점으로, 사회적 상호작용의 범위가 가족에게서 벗어나 또래 집단 및 교사와의 상호작용으로 확대되어요. 사회적 환경이 변화함에 따라 아이들의 사회성 또한 한 계단 올라가게 되지요. 처음 맞이한 학교라는 낯선 공간에서 배우고 익혀야 할 것들이 많지만 친숙한 그림책을 활용한 교실, 친구, 선생님과의 관계 맺기 수업을 통해 환경에 적응하고 기초, 기본생활을 배우고 익힐 수 있도록 해요.

초등학교 시기 안에서도 학년에 따라 사회성 발달의 양상이 다른데, 저, 중, 고학년으로 해당하는 단계에 따라 다음과 같이 말해볼 수 있어요.[2]

저학년의 시기는 긍정적이거나 부정적인 기분 상태를 자각하고 감정을 상징화하여 말할 수 있으며, 만족지연이나 기분 조절과 같은 기본적인 자기조절 방법을 배우고 타인에 대해 공감하기 시작해요.

중학년 시기는 정서적·사회적 자기조절능력이 발달하고 정교화되며, 특히 다른 사람과 상황에 자신을 맞추려고 노력하게 돼요. 학생은 같은 사람에 대해서 모순되는 감정을 가질 수도 있다는 것을 이해하게 되고 친밀한 우정을 만들기 위해 개인적인 정보를 교환하기 시작해요.

고학년 시기는 정서의 다양한 변화와 이차적 정서와 같은 내적 상태에 대한 자각이 증가해요. 의사소통에서도 감정이나 욕구에 관한 것들이 교류되고, 사회적으로는 도덕성, 의미, 정체감에 초점을 두게 돼요.

---

[2] 출처: 이혜영, 「사회성 그림책 읽기 활동이 초등학교 저학년 사회성 향상에 미치는 효과」, 2016

 ## 마음 통통: 특수교육 대상 학생과 마음 이론

마음의 특성에 대한 이해를 바탕으로 사람의 행동을 이해하는 것을 **마음 이론**이라고 해요. 자세히는 자신과 다른 사람이 각각 독립적인 심적 상태를 가지고 있다는 것을 인식하고 이러한 심적 상태를 귀인 할 수 있는 능력을 말해요.

사람의 행동을 보고 그 사람의 마음을 생각하는 **마음 읽기**는 사람의 행동을 이해하는 가장 좋은 방법이에요. 마음 읽기는 말하는 사람이 듣는 사람에게 필요한 정보가 무엇인지 생각해 내는 것으로 이는 의사소통의 결정적인 역할을 하지요.

마음 이론 발달

이러한 마음 이론의 발달이 생애 초기부터 발달하기 시작한다는 것은 영아의 시선이나 가장 놀이, 자발적인 언어적 단서를 통해 알 수 있어요.

순	연령	특징
1	2세	• '원하다(want)', '좋아하다(like)' 등과 같은 내적 정신상태(mental state)를 표현하는 동사를 사용 • 타인의 정신세계를 인식
2	2~3세	• 자신의 정서에 대해 언급 • 특정한 정서를 자신이나 자기 형제가 느끼는 것처럼 가장하는 놀이를 할 수 있음
3	4세	• '생각하다(think)', '알다(know)' 등과 같은 단어를 사용 • 자신과 타인의 생각을 표현하기 시작
4	4세 이후	• 믿음과 바람이라는 것을 인식 • 틀린 믿음을 이해할 수 있게 됨

마음 이론과 아동 언어발달단계[3]

---

3) 출처: 최은미, 「그림책을 활용한 이야기나누기 활동이 발달지체아동의 마음 이론에 미치는 효과」, 2009

한편, **발달지체 아동의 마음 이론 발달**은 전형적인 발달을 보이는 아동에 비해 지체되어 있어요. 지적장애 아동의 경우 생활연령과 마음 이론 과제수행에서의 부적 상관을 보여요. 마음 현상을 이해하는 능력은 여러 사람과 관계를 맺고 성공적으로 사회적인 삶을 살기 위하여 필요한 역량이나, 발달지체 아동은 마음 이론 능력 발달의 지체로 인하여, 다른 사람들과 관계를 맺고 유지하는 것, 상호작용하는 것 등의 사회적 활동에 어려움을 보이게 되죠.

그림책을 활용한 발달지체 아동의 마음 이론 발달

다양한 마음 이론 요소가 포함된 그림책 활동은 마음 이론 발달에 도움을 줘요. 즉, 마음 이론 요소가 풍부한 그림책을 선정하고, 그림책을 활용하여 이야기를 나누는 활동은 마음 이론 발달과 성장에 있어 훌륭한 교육 활동이 될 수 있어요.

이는 그림책 읽기의 특성에 따라, 등장인물에 자신을 대입하여 동일시해 보고 함께 기쁨 슬픔 등 감정을 공유해 보는 활동은 아이들에게 마음 현상에 대한 풍부한 경험을 제공해요.
또한 그림책 속에서 각 인물이 겪는 희로애락에 대한 대리 경험, 문제 및 문제해결 과정에 따른 간접경험을 함으로써 타인에 대한 이해를 돕기도 해요.

새싹 문해력:
문해력 발달 층위와 특수교육 대상 학생 특성의 연계

배우는 이에게 귀중하지 않은 시간은 없겠지만, 그중에서도 초등학교 시기는 문해력을 발달시킬 수 있는 결정적 시기예요. 보통 9세 이전이 바로 읽기와 쓰기에 기능하는 뇌 부위가 아주 급격히 성장하는 시기라고 하지요.

문해력이란 일상생활과 학습 상황에서 구어, 문어 및 다양한 표현 양식을 이해하고 표현할 수 있는 능력이며, 글을 읽고 이해할 수 있는 능력과 그와 비슷한 수준의 쓰기 능력을 말해요.

최근 들어 문해력은 '읽고 쓰는 능력'을 넘어서서 **매체 등의 수단을 활용하고 이를 통해 얻은 정보를 비판적이고 창의적으로 수용, 조작, 활용하는 능력**으로 확대 정의되고 있지요.

문해력을 키우고 싶어요.

발생적 문해력 관점에서 들여다보면 그림책의 힘을 엿볼 수 있어요. 발생적 문해력 관점을 지닌 사람들은 아이가 형식적인 읽기 쓰기를 배우기 전에 눈에 잘 드러나지 않는 문해력의 초기 기능들을 형성한다고 해요.

'**문해력의 뿌리**'라고도 불리는 발생적 문해력은 마치 땅 아래 묻힌 씨앗이 땅속에서 싹을 틔우고 뿌리를 내리다가 어느 날 땅을 뚫고 새싹을 내미는 것에 비유가 되는데, 눈에 띄지 않는 읽기의 기초 기능들이 점진적으로 발달해 가다가 문자언어를 읽고 쓰는 눈에 띄는 발달 양상으로 이어진다는 생각을 담고 있어요.

이처럼 다양한 시각적 경험과 반복적인 그림·글자와의 대면들 속에서 아이들의 문해력 뿌리는 힘을 가지게 돼요.

문해력 논란이 화두라지만, **문해력은 어떻게 키워나가야 할까요?** 문해력의 발달단계에 관하여서는 여러 가지 의견이 있지만, 이 책에서는 초기 문해 단계 및 기초 문해 단계를 중심으로 살펴보고자 해요.

문해력의 발달 층위로 보면, 초기 문해부터 시작하여 앞 단계를 포함하며 기초 문해와 기능 문해로 점차 확대되어 가는 동심원 형태를 띱니다. 언어 단위로 보면 낱자 단위, 낱말 단위, 문장 단위로 점차 확대되는 것을 볼 수 있어요.

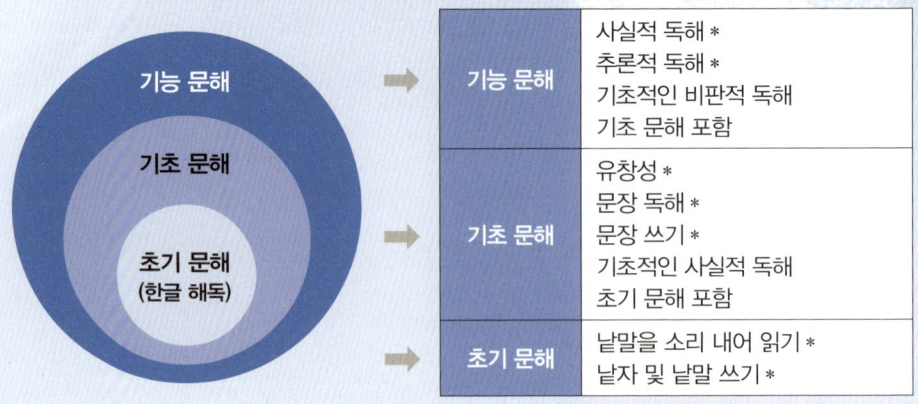

[그림 1] 문해력의 발달 층위

문해력의 발달 층위[4]는 초기 문해, 기초 문해, 기능 문해, 비판 문해[5]로 나뉘어요. '*' 표시한 내용은 해당 단계의 핵심 과업이며, '*' 표시가 없는 내용은 해당 단계의 핵심 과업은 아니지만, 해당 단계에서 반드시 도달해야 그다음 단계로의 전환이 가능한 중요한 내용이에요.

특수교육 대상 학생과 문해력

책을 읽는다는 것은 단순히 문자를 소리로 바꾸는 것이 아니라, 다양한 표현 양식을 통한 의미 파악의 과정이에요. 더불어 평가하고, 상상하고, 추론하고, 문제해결을 하는 모든 과정을 포함해요. 이에 특수교육 대상 학생들은 단어인지, 읽기 이해력 등 전반적으로 읽기 능력이 또래에 비해 낮고, 나이가 증가함에 따라 그 격차는 더욱 벌어지기도 해요. 이러한 독서 능력의 제한으로 인해서 대개 특수교육 대상 학생들의 경우에는 책 읽기에 어려움을 갖고 있지요.

---

[4] 출처: 청람어문교육학회, 「기초 문해력과 읽기 부진 지도」, 2019
[5] 초기 문해 단계 및 기초 문해 단계를 중심으로 살펴보고자 [그림1]에서 비판 문해는 생략하였음.

언어영역의 발달에 어려움이 있는 지적장애 및 자폐성 장애 학생의 경우 초기 문해력, 기초 문해력 단계로 그림책 활용에 초점을 두고 지도하는 경우가 많아요. 그림책을 활용하여 이야기 나누는 것은 아이들이 주변 세계에 대한 이해를 더 잘할 수 있도록 돕고, 계속해서 학습하고자 하는 의지를 돋구기에 매우 유용해요.

그림책은 학습장애 학생의 동기 유발과 긍정적인 학습 태도 형성에 도움이 돼요. 더불어 동화를 활용한 총체적 언어교육 프로그램은 학습장애 학생의 읽기 능력 중 단어 재인 능력 향상의 효과적인 것으로 알려져 있어요.

펼치면 열리는 그림책 활용 릴레이 수업을 함께 나누어요.

한 권의 책으로 3차시, 4차시 수업을 하기도 하고, 이를 다른 선생님께서 이어서 수업하다 보면 10차시, 15차시 분량의 활동이 나오기도 해요. 이렇게 자연스레 무궁무진한 수업 아이디어를 공유하고, 다음 수업을 고민하며 목표를 세워나가고 있어요. 그림책 활용 릴레이 수업 나눔 속 핵심 아이디어를 중심으로 선생님들의 공통된 활동, 관심사를 빅데이터로 알기 쉽게 구성해 놓았어요. 학생의 경험을 삶의 맥락과 연결하기 위해 노력한 그림책 중심 공동연구와 릴레이 수업 나눔했던 초등 특수교사들의 성장기를 통해 우리와 같은 고민을 하는 교사와 보호자, 그림책 활용 프로젝트형 수업에 관심 있는 분들과 아낌없이 나누고자 해요.

차례

들어가며 8

PART 01 관계맺기

컬러몬스터 학교에 가다 26
학교와 친해져요 27
학교에 적응해요 36
학교에서 지켜야 할 것이 있어요 45

너에게 주는 말 선물 50
예쁘고 고운 말로 표현해요 51
말 선물을 할 수 있어요 56

우리가 케이크를 먹는 방법 64
문제를 해결해요 65
기쁨을 나눠요 71

PART 02 마음톡톡

오늘 내 기분은 84
여러 가지 감정을 알아보아요 85
나와 친구의 마음을 들여다보아요 93
함께 감정을 나누어요 104

짧은 귀 토끼 ········· 113
서로의 경험을 나누어요 ········· 114
친구의 경험에 공감하고 격려해요 ········· 119
나와 친구의 장점을 찾아보아요 ········· 128

샤를의 기적 ········· 146
인물의 마음을 읽어요 ········· 147
인물에게 마음을 전해요 ········· 152
인물이 되어 보아요 ········· 156

PART 03 새싹 문해력

단어수집가 ········· 168
음소-음절-낱말을 익혀요 ········· 169
단어를 수집해요 ········· 174
문장을 익혀 글을 써요 ········· 180

말하면 힘이 세지는 말 ········· 192
긍정의 말, 말의 힘을 배워요 ········· 193
긍정언어를 통해 나의 강점을 찾아요 ········· 201

감자가 만났어 ··· 217
꾸며 주는 말(의성어, 의태어 포함)을 익혀요 ····································· 218
꾸며 주는 말로 표현해요 ··· 225
꾸며 주는 말로 나만의 책을 만들어요 ··· 229

마무리하며 ··· 238

부록 ·· 241
2022 개정 특수교육 교육과정 핵심아이디어 분석표 ························· 242

참고 문헌 ·· 254

PART 01

관계 맺기

1. 컬러 몬스터 학교에 가다
2. 너에게 주는 말 선물
3. 우리가 케이크를 먹는 방법

학생들은 성장함에 따라 가정에서만 머물던 시간에서 벗어나 학교에 다니게 돼요. 아직은 이해와 배려, 도움의 손길이 많이 필요하지만 학교는 내 또래 친구, 선생님이 있는 사회적 공간이기 때문에 가정에서와 같은 생활 양식만으로는 학교생활을 원활하게 하기 어려워요. 갓 입학한 학생들이 학교에 적응할 때 어려움을 겪는 이유이기도 해요. 가정에서는 나를 향한 무한한 사랑 속에서 내가 원하는 대로 편하게 지냈는데 학교에서는 서로를 위해 많은 규칙을 지켜야 하고, 이를 위해 내가 싫어도 해야 하거나 하고 싶지만 참아야 하는 것들이 있기 때문이에요. 하지만 규범을 지키고, 다른 사람과 의사소통하며 사회적 관계를 형성하는 사회성은 자연스럽게 획득할 수 있는 능력이 아니에요. 그래서 이번 '관계 맺기'에서는 학교에서부터 규범을 지키고 상황에 적절한 말과 행동을 하며 사회적 관계를 형성할 수 있도록 지도하는 방법에 대하여 안내하고자 해요.

도시락케이크 나누기
생일 축하 파티
나눔 배려 양보 **편지** 분수
보완대체의사소통 시각적일과표
릴레이 **학교적응** 고운말
말선물 말판 게임
나눗셈 규칙 익히고
자기점검 **불안감해소** 다짐하기(지키기)
하루일과 익히기
말선물 **학교준비기술**
어드벤트
캘린더 **입학적응활동** 누리소통망에서
소통하기
학교에서의 내 기분 알기
사회적상황이야기 게더링 드럼
함께 연주하기 붐웨커

위 그림은 특수교사들의 그림책 활용 릴레이 수업 나눔을 하며 나온 키워드를 빅데이터로 나타낸 것이에요. 개개인성이 들쭉날쭉한 특수교육 대상 학생을 지도하며 고민되는 부분을 공유하고 교사로서 성장하는 기쁨을 함께 나눌 수 있었어요. 그림책 활용 릴레이 수업 나눔으로 학생 수준에 따라 재구성된 수업을 보며 한 번의 수업으로 끝나는 것이 아닌 서로 연결된 수업을 통해 여러 가지 지도 방법을 배우며 연구할 수 있었어요.

사회성 중에서 '관계 맺기'는 학교생활을 하는 데 가장 기초적이고 중요해요. 그래서 관계 맺기를 통해 약속의 의미를 알고 자신을 표현하며 새로운 환경에 적응할 수 있도록 그림책에서 관련 내용을 추출해요. 학교, 교실, 친구, 선생님과의 관계를 맺는 다양한 수업을 통해 학생들의 행복한 내일을 꿈꿔요.

컬러 몬스터 학교에 가다
아나 예나스 글, 그림
청어람아이

새로운 학교 환경에 적응해요

처음으로 학교에 간 컬러 몬스터는 친구와 함께 학교에서 일어나는 여러 가지 새로운 일들을 경험해요.

"또래 학생들이 그렇듯 우리 학생들도 새로운 환경에 적응하기 위해서는 많은 시간과 노력이 필요해요. 학교의 모든 것이 새롭게 느껴질 학생에게 다양한 사회적 상황에 대한 설명과 시각적 자료를 제공하여 학교에 적응하는 데에 도움을 줄 수 있도록 수업을 디자인했어요."

동기유발

입학 적응 기간에 활동한 모습이 담긴 사진을 보며 관련된 이야기를 나눈 뒤(예 누구랑 학교에 왔었지요? 어디에 갔었는지요? 등) ○○처럼 컬러 몬스터도 학교에 처음 갔다고 소개해요.

'컬러 몬스터 감정의 색깔'을 이전에 읽어본 경험이 있는 학생이라면 같은 주인공이 나오는 다른 책이라고 안내해 주고, 책 제목(컬러 몬스터 학교에 가다)에서 '학교'를 ○○으로 바꾼 뒤 ○○에 들어갈 말이 무엇인지 맞혀 보도록 퀴즈를 낼 수 있어요.

학생의 수준에 맞게 표지를 따라 그리거나 표지 도안을 색칠하면서 컬러 몬스터의 기분이 어때 보이는지, 왜 그렇게 보이는지, 가방 속에는 무엇이 들었을지 등의 이야기를 나누어 보아요.

읽기 중 동기유발 활동으로 실제 학교 사진과 그림책에 묘사된 장소를 비교하면서 어디인지, 우리 학교와는 무엇이 같고, 다른지 살펴보면서 읽을 수 있어요.

 **학교와 친해져요**

어딘가에 처음 갔었던 일을 떠올려 보세요. 무엇이 떠오르나요? 기대감으로 설레기도 했겠지만 '잘할 수 있을까?', '실수하면 어쩌지?' 하는 불안함이 있었을 거예요. 이제 막 학교에 입학하게 된 학생들 역시 이러한 긴장과 불안을 느껴요. 게다가 특수교육 대상 학생들은 자신이 겪는 어려움에 대해 도움을 요청하는 것이 서툴기 때문에 학교에 적응하기가 더 어려울 수 있어요. 입학 예정인 학생들을 대상으로 입학 적응 활동을 하고, 입학 후에도 학교 적응을 위한 활동을 해야 하는 이유예요.

입학 전 적응 활동

컬러 몬스터처럼 학교가 처음인 학생을 위해 **입학 적응 활동**으로 입학 전에 학생과 보호자를 학교로 초대하여 함께 특수학급, 화장실, 급식실 등 교내 여러 장소를 둘러볼 수 있어요. 전혀 알지 못하는 것은 계속 두려울 수 있지만 직접 와서 앞으로 내가 다닐 곳을 자세히 살펴보면 두려운 마음이 조금씩 사그라들어요.

함께 컬러 몬스터 책을 읽은 뒤, 학교를 돌아다니며 책에서 봤던 곳을 찾아보세요. 그리고 가능하다면 둘러본 곳의 사진을 찍고 포토프린터로 출력하여 학생에게 활동지와 함께 주세요. 포토프린터 용지 중 스티커 용지로 출시된 것을 활용하면 크기에 맞게 자르거나 풀칠하지 않고도 붙일 수 있어 간편해요. 학생에

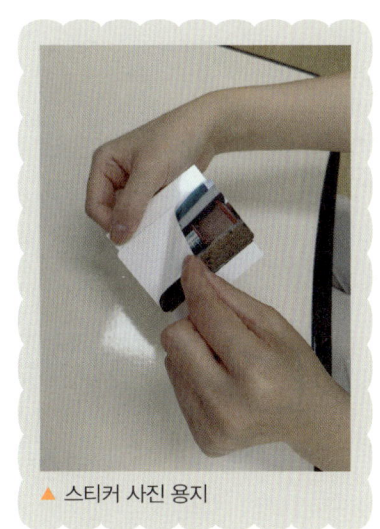
▲ 스티커 사진 용지

게 사진을 직접 찍어보도록 해도 좋아요. 학생은 집에 돌아가서 보호자와 함께 활동지에 사진을 붙여보며 다시 한번 내가 다니게 될 학교에 대해서 익힐 수 있어요.

가정으로 보내는 활동지는 학생이 많은 시간을 들이지 않고도 해낼 수 있도록 간단하게 만들고 실제로 다닐 학교의 사진을 활용하여 장소들이 눈에 익을 수 있도록 해요. 입학하기 전까지 집에서 자주 보며 익숙해진다면 새로운 환경에 와서도 잘 적응할 수 있을 거예요.

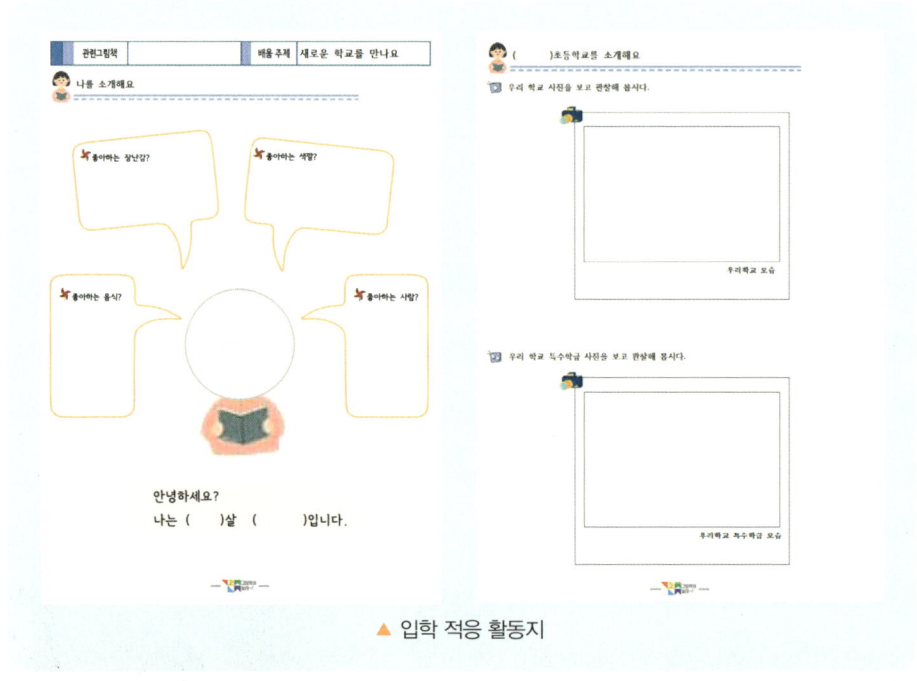

▲ 입학 적응 활동지

이 활동은 학생과 보호자뿐만 아니라 교사에게도 매우 중요해요. 입학하는 학생이나 학기 중에 전학을 오는 학생도 직접 만나 파악함으로써 학생에게 필요한 지원을 구체적으로 계획하고 준비할 수 있기 때문이에요.

학생에 대한 정보를 수집하는 것은 유선상으로도 가능해요. 그러나 학생을 실제로 만나는 것만큼 정확하게 파악하기는 어려워요. 잘못된 정보는 학생의 학교 적응에 큰 영향을 미칠 수 있어요.

예를 들어, 입학 예정인 학생 A가 수업 시간 동안 앉아서 수업을 들을 수 있다고 파악이 되어 별도의 지원을 계획하지 않았어요. 그런데 실제로는 10분 정도 착석이 가능한 학생일 경우, 수업 중 자신이 겪는 불편을 해소하지 못해 도전 행동을 보일 수 있어요. 착석뿐만 아니라 신변처리, 식사 등도 마찬가지예요. 만약 새로운 학생이 배치될 예정이라면 학생에게 필요한 특수교육적 지원을 준비할 수 있도록 사전에 학생을 만나보세요.

입학 적응 활동 프로그램을 구상하실 때는 **충남 특수교육 유튜브 채널의 [특수교육 초등 입학 적응–등교 & 교실 생활, 수업 & 화장실 편]** 등의 영상을 참고하시면 도움이 돼요.

▲ 등교 & 교실 생활

▲ 수업 & 화장실 편

▲ 급식실 편

한 가지 더, 입학 적응 활동 시에 입학 전까지 남은 기간 학교에 적응하기 위해 가볍게 준비할 수 있는 것들을 알려주시면 학생이 조금 더 마음의 준비를 든든히 하고 올 수 있어요. 예를 들어, 실내화 짝 맞추어 신기, 이름 부르면 대답하기 등은 가정에서 보호자와 함께 놀이하듯 할 수 있는 활동이에요.

영역	학교 준비기술의 예[1]
적응행동	• 식사도구 바르게 사용하기 • 화장실 위치 알고 용변 처리하기 • 외모 단정하게 유지하기(예: 코 닦기, 옷차림 바로하기) • 자기 물건 챙기고 적절한 장소 두고 관리하기 • 정해진 시간 동안 주의집중 및 착석하기
대 · 소근육	• 다른 장소로 이동하기 • 계단 이용하여 이동하기 • 수업과 관련된 기본 도구 사용하기(예: 연필 잡기, 풀 뚜껑 열고 돌리기)
사회 · 정서	• 다른 사람의 활동 방해하지 않기 • 친구 이름 알기 • 친구의 요구에 반응하기 • 친구와 함께 놀기 • 친구에게 도움을 줄 수 있는 표현 방법 가르치기(친구 이야기 들어주고 토닥여주기 등) • 학급에서 정해진 규칙 따르기 • 대상에 따라 적절하게 인사하기 • 실수했을 때 사과하기 • 차례 지키기 • 줄서기 • 자신의 감정과 요구를 말로 표현하기 • 교실 안 또는 밖에서 활동하는 공간으로부터 이탈하지 않기 • 다른 사람 물건은 허락을 구한 후 만지거나 가져오기 • 공격적인 행동이나 분노 감정을 스스로 조절하기
의사소통	• 이름, 성별, 나이 등에 대한 질문에 답하기 • 학교생활에서 자주 사용되는 지시에 대한 이해와 따르기 • 감정과 기분을 적절하게 말로 표현하기 • 놀림, 비속어 등 친구의 부당한 언행에 대해 간단한 의사소통으로 표현하여 반응하기 • 자신의 요구와 선호도 표현하기 • 멈추라는 지시를 들으면 활동 멈추기 • 성인이나 또래가 앞에서 이야기할 때 경청하기

---

1) 출처: 일반교사와 특수교사를 위한 특수교육대상학생 초등학교 입학적응지원. 경상남도교육청(2017)

인지	• 자기 이름 변별하고 쓰기 • 수업활동에 관련되는 도구 이름 알기 • 알림장 보고 쓰기 • 자기 교실, 자기 자리 찾기 • 적절하게 모방하기 • 모양 크기, 색, 사물 등 변별하기 • 주요 신체부위 이름 알기 • 1-10까지 숫자 읽고 쓰기

학생이 입학한 후에는 학교에서 잘 지내는지 자주 살펴보게 되지요. 이때 그림책을 활용한 수업을 통해 학교에 대한 학생의 생각을 파악할 수 있어요. 그림책 초반에 오늘 처음으로 학교에 가는 날이라는 이야기를 듣고 컬러 몬스터가 그게 무엇이냐고 되묻는 장면이 있어요. 학생들의 생각이 궁금해져 "학교

가 뭘까?"하고 컬러 몬스터와 똑같이 질문을 하였는데 구어로 표현이 가능한 2학년 학생들이 "공부해요."라고 답변했어요. 학교는 공부하는 곳이라고 생각한다는 것을 알 수 있었어요.

표현력이 부족한 학생들이 있다면 이미지 카드를 주고 이 중에서 학교를 생각했을 때 떠오르는 것을 고르도록 해요. 말로 하는 것이 아니라 주어진 것 중에서 고르기만 하면 되기 때문에 학생들이 부담감을 덜고 활동에 참여할 수 있어요.

그림책의 마지막 부분에는 컬러 몬스터가 학교에 내일 또 가는 거냐고 묻는 장면이 있어요. 이 장면에 이어지는 다음 장면을 바로 보여주지 말고 학생들에게 질문을 해보세요. 학교에 오는 것을 좋아하는 학생은 "응.", 싫어하는 학생은 "아니."

라고 답하는 경향이 있었어요. 만약 "학교가 좋아요?" 또는 "싫어요?" 하고 직접적으로 질문한다면 교사의 눈치를 살피느라 솔직하게 대답하지 못하는 학생도 있을 거예요.

이렇게 그림책 수업을 통해 학생들의 솔직한 생각을 파악하고, 학생이 학교에 대해 느끼는 것들을 고려하여 지도해 보세요. 학생에 대해 깊이 있게 파악하여 준비하고 시행하는 수업은 그만큼 학생에게 필요한 내용이 될 수 있고, 교사는 앞으로의 지도 방향을 적절하게 설정할 수 있어요.

학교 갈 준비하기

학교에서 필요한 물건들이 무엇인지 알아보고 준비하는 동안 학생들은 학교에 갈 마음의 준비를 할 수 있어요. 컬러 몬스터가 학교에 가려고 준비물을 챙기는 장면에서는 현재 학생들의 가방에 어떤 것들이 들어 있는지 이야기를 나누고, 학교에 올 때 필요한 준비물이 무엇인지 알아보아요.

컬러 몬스터는 학교에 가기 위해 손전등, 헬멧 등 엉뚱한 물건들을 챙겨요. 이 장면과 연계하여 학생들에게 학교에 갈 때 필요한 물건이 무엇인지 가방 도안에 그려보도록 할 수 있어요. 그림을 그리기를 어려워하는 학생에게는 오려서 붙일 수 있는 자료를 제시해 주세요.

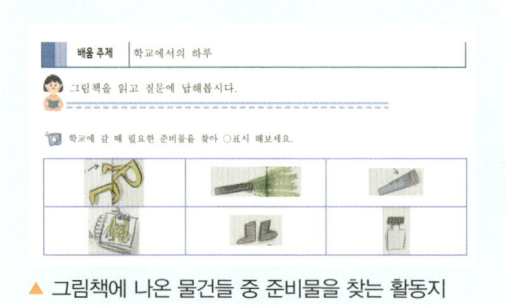

▲ 그림책에 나온 물건들 중 준비물을 찾는 활동지

▲ 가방 도안에 준비물을 그린 활동지

▲ 가방 도안에 사진을 붙인 활동지

또는 여러 가지 물건을 **실물로 제시**하고, 학교에 가져가야 할 물건을 고르게 하거나 분류하도록 할 수 있어요. 물건을 직접 분류하게 할 때는 먼저 학교에 가져와야 하는 것과 가져오면 안 되는 것을 알려주고, 두 종류의 물건이 놓일 장소가 색이나 경계선

▲ 학교에 가져와야 할 물건과 가져오지 말아야 할 물건 실물로 분류해보기

등으로 서로 구분되도록 하여 정해진 공간 내에 사물을 놓도록 해요. 분류 활동 자체에도 도움이 되고, 한눈에 결과를 살펴보며 시각적으로 범주화할 수 있어요.

자신의 물건을 잘 챙기지 못하고 쉽게 잃어버리는 학생들은 **자기 교수법**을 통해 자신의 물건을 잘 챙길 수 있도록 지도해요. '어떻게 하면 물건을 잘 챙길 수 있을까?'를 주제로 이야기를 나누어 보고 물건을 챙기는 방법을 알아봐요. 그리고 '가기 전에 주변을 둘러보자'라는 문장을 함께 여러 번 말해보게 해요. 이후 학교생활 속에서 이 말을 하고 직접 둘러볼 수 있도록 교사가 수시로 지도한다면 언젠가는 스스로 실천하는 멋진 학생을 발견할 수 있을 거예요.

> 수업하다가 학생과 한 걸음 더 가까워지게 된 일이 있었어요. 지금 내 가방에 무엇이 들었는지 이야기해 보자고 하였는데 한 학생이 계속 말하지 않다가 아무것도 없다고 대답하는 거예요. 그런데 보호자 상담 시, 들었던 이야기가 번뜩 떠올랐어요. 학생이 매일 학교에 가져오는 애착 장난감이 있는데 그날은 장난감을 집에 놓고 나왔고, 학교에 다 와서야 이것을 안 학생이 집에 가겠다고 엄청 떼를 써서 학교에 들여보내시면서도 잘 지낼지 걱정하셨다는 이야기였어요.
>
> "혹시 가방에 장난감이 있니?" 하고 묻자, 학생은 깜짝 놀라 동그래진 눈으로 교사를 바라보았어요. "네가 학교에 잘 올 수 있게 도와주는 것이라면 괜찮아. 너를 도와주는 것이고 네가 지금 꺼내서 가지고 논 것이 아니니 선생님이 가져가지도 않을 거야. 가방에 장난감이 있니?" 하고 다시 물으니 그제야 고개를 끄덕였어요. 소중한 것이니 잃어버리지 않도록 가방에 잘 넣어두고 꺼내지 말자고 이야기하니 또 고개를 끄덕였어요. 그림책을 활용하면 이처럼 자연스럽게 생활 지도와 상담을 할 수 있어요.

교내 여러 장소 익히기

교내 여러 곳의 장소가 등장하는 그림책의 장면을 보여주며 어디인지 질문해요. 장면을 보자마자 해당 장소명을 말하는 학생에게는 "무엇을 보고 알았나요?"라고 질문하고 한 번 더 생각하고 표현하는 기회를 주세요. 학생들이 한 번씩 말한 후에는 장소명이 적힌 스티커를 책의 해당 장면에 붙이도록 해요. 학급 예산에 여유가 있다면 실제 그림책을 학생 수만큼 준비하여 제공하거나 그렇지 않다면 그림책의 장면을 스캔하여 제시할 수 있어요. 이때 장소명이 적힌 스티커는 컴퓨터로 출력해서 쓰셔도 되지만 라벨프린터기로 출력하시면 간편해요. 라벨프린터기 용지는 투명한 것도 있고 여러 가지 색상이 있으니, 용도에 맞게 사용하시면 돼요. 출력하실 때는 이후의 수업에서 장소별 규칙을 지도할 때, 연계하여 사용할 수 있도록 'OOO(장소)에서 지켜요'로 출력할 수 있어요.

▲ 해당 장소명과 지켜야 할 규칙을 붙인 그림책 장면

장소명을 붙인 후에는 실제 우리 학교의 장소와 그림책 속 장소의 같은 점과 다른 점을 찾아보아요. '그림 보고 장소 이름 말하기' 식으로 지도하면 학습 대상이 되는 장소만 달라질 뿐 학습 방법이 단순해져 학생들이 지루할 수 있으니, 학생들의 학교생활과 관련지어 발문을 하거나 그러한 예시를 들어 지도해요.

> **대화 예시**
>
> 교사: (사진을 가리키며) 여기는 어디일까요?
> 학생: 급식실이요.
> 교사: 맞아요. OO이는 급식실 좋아하나요?
> 학생: 네.
> 교사: 왜 급식실을 좋아해요?
> 학생: 맛있어요.
> 교사: 급식실에서 먹은 것 중에 무엇이 가장 맛있었나요?
> 학생: 치킨이요.

이 활동의 목적은 단순히 교내 여러 장소의 명칭을 익히는 것을 넘어서 학교에 친숙함을 느끼도록 하는 것이에요. 그러니 학생들의 이야기를 많이 들어주고 학교에 대한 긍정적인 생각을 가지도록 반응해 주면 좋을 것 같아요.

예를 들어 '이야기 시간' 장면이 나올 때, "선생님이 읽어준 책 중에 가장 재미있었던 책이 무엇이었나요?" 하고 질문해요. 대답하기 어려운 학생들은 책장에서 직접 책을 꺼내오도록 해요. 책을 가져오면 그림책을 소재로 이야기를 나눌 수 있어요. '급식실' 장면이 나올 때는 우리 학교 급식실에서 맛있게 먹은 음식에 관하여 이야기를 나눌 수 있겠지요? 평소 학생들이 아침 시간, 수업 시간, 점심시간 등 학교에서 지내는 사진을 많이 찍어두고 같이 감상하며 이야기를 나누어도 좋을 거예요.

 **학교에 적응해요**

교내 여러 장소를 익히며 물리적인 공간에 익숙해졌다 하더라도 매시간 수업 교과가 바뀌고, 오늘은 어제와는 또 다른 시간표로 운영되기 때문에 학교에서의 시간이 혼돈의 연속으로 느껴질 수 있어요. 학생들이 이 시간 이후에 있을 일에 대해 스스로 파악할 수 있도록 지도한다면 학교에서 겪는 불안감을 해소하는 데 큰 도움이 돼요.

학교에서의 일과 익히기

학생들은 새로운 환경에 있을 때, 앞으로 있을 일을 예측할 수 없으므로 불안함을 느껴 다양한 도전 행동을 보일 수 있어요. 이럴 때, 앞으로 일어날 일에 대해 반복적으로 설명해 주고, 시각적인 자료를 제공하면 학생이 앞으로 있을 일에 대해서 파악할 수 있으므로 불안감을 해소하는 데에 도움이 돼요. 이 책에서는 학교 일과 중의 특정 시간(예: 음악 시간, 쉬는 시간 등)에 대해서 다루므로 이와 연관을 지어 학교에서의 일과를 익히도록 해요.

학생들이 자연스럽게 일과를 생각해 볼 수 있도록 시간상으로 연속된 활동을 차례대로 질문할 수 있어요.

> **대화 예시**
>
> 교사: 오늘 아침에 누가 깨워서 일어났나요?
> 학생: 저 혼자 일어났어요.
> 교사: 우와 정말요 어떻게 스스로 일어났나요?
> 학생: 알람이 울렸어요.
> 교사: ○○이가 알람을 맞춘 거예요?
> 학생: 아니요. 엄마가요.
> 교사: 일어나자마자 무엇을 했나요?
> 학생: 씻어요.
> 교사: 아, 일어나자마자 제일 먼저 씻었구나. 그다음에는 무엇을 했나요?
> 학생: 밥 먹었어요.
> 교사: 어떤 반찬이랑 밥 먹었어요?
> 학생: 김이요.
> 교사: 밥 먹은 다음에는 뭐 했어요?
> 학생: 음. 옷 입었어요.
> 교사: 아, 옷을 입었구나. 갈아입은 거지요? 왜 옷을 갈아입었나요?
> 학생: 학교요.
> ---------------------------- 이하 생략----------------------------

위의 예시처럼 학생의 기상 시간부터 등교하기까지의 과정을 끌어내는 질문을 통해 표현력이 부족한 학생들도 자신의 이야기를 할 수 있도록 해요. 학교에 오기 전에 무엇을 했는지 직접 묻는 것보다 간단하고 단순한 질문을 할 때 학생의 대답을 더욱 잘 끌어낼 수 있어요. 대화를 통해 학교에 오기 전에 무엇을 어떻게 하는지 자연스럽게 알아보고, 이어서 학교에서 하는 일에 관해서도 이야기를 나누어요.

말하는 것을 좋아하지 않는 학생이나 집중력이 부족한 학생은 학교 일과를 파악하는 활동을 바로 시작하는 것이 좋아요. 1교시, 2교시 …… 점심시간, 오후 수업, 방과후 활동, 하교로 이어지는 전체 일과를 위와 같이 묻고 답하며 일과를 알아보아요. 이후에는 학교에서의 일과를 담은 사진들을 여러 장 보여주시면서 어떤 시간인지 맞혀 보고 활동지에 붙이도록 해요.

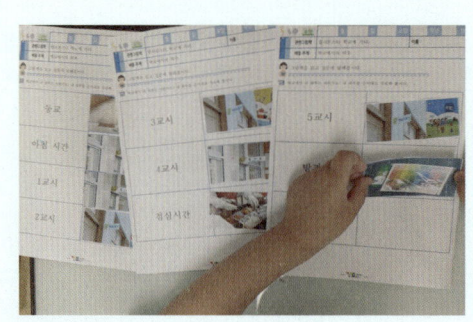
▲ 학교에서의 일과를 알아보는 활동지

학생이 쉽게 확인할 수 있는 위치에 일주일의 일과표와 그날의 요일을 확인할 수 있는 요일 판을 함께 제시해 주세요. 활동 그림을 보며 어떤 활동인지 익히는 과정도 필요해요. 초기에는 일정표를 확인하는 행동 자체를 강화

▲ 요일 판을 보고 일정을 확인하는 학생

해 주며 자기 점검법으로 일과표를 확인하는 방법을 여러 차례 시연해 주고 학생이 모방할 수 있도록 해주면 돼요.

실제로 1학기 내내 하루의 수업이 끝나면 특수학급에 와서 "선생님, (수업) 끝났어요."라고 말하던 학생에게 일정표를 보는 방법을 직접 보여주었어요. 매일 반복해서 지도하자 2학기에는 스스로 일과표를 확인하고 방과후 교실에 찾아가 활동에 참여할 정도로 학교생활 능력이 높아졌어요.

학생이 글자를 읽을 수 있다면 문자로만 작성된 일과표를 제시해도 되겠지만 그렇지 않다면 **시각적 일과표**를 사용할 수 있어요. 시각적 일과표란 학생들이 학교 일과에 대한 예측 가능성을 높일 수 있도록 학생의 수준에 맞게 시각적으로 활동을 안내하는 자료예요. 다음과 같이 만들어 활용할 수 있어요.

시각적 일과표 1

1. 왼쪽에 '오늘 할 일'을 순서대로 붙여요.
2. 수업이 끝나거나 학생이 활동을 수행하면 해당 일과를 오른쪽에 있는 '다했어요' 칸으로 옮겨 붙여요.

일과표 활용에 익숙해지면 '오늘 할 일'을 순서대로 붙이는 것부터 학생이 하도록 할 수 있어요.

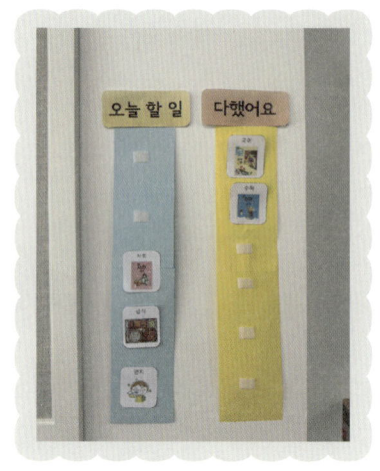

시각적 일과표 2

1. 배경지 위에 오늘의 일과가 순서대로 인쇄된 OHP 필름을 붙여 제공해요.
2. 하나의 일과를 마치면 OHP 필름과 배경지 사이에 있는 하얀 종이를 다음에 있을 일과로 밀어서 내려요.

학생이 일과표 활용에 익숙해지면 필름지와 배경지 사이에 있는 종이를 스스로 옮기게 하거나 해당 요일의 일과가 시작되기 전에 일과표를 준비하도록 할 수 있어요.

또, 일과표는 아니지만 학교에 있는 것 자체를 힘들어하는 학생에게 시간의 흐름을 시각적으로 알려줄 수 있는 자료도 있어요. 학생의 집 사진을 퍼즐로 만들어 제시하는 거예요. 수업 시간이 끝날 때마다 퍼즐 조각을 하나씩 붙이도록 해요. 학생은 퍼즐 조각을 하나씩 붙일 때마다 집에 가는 시간이 점차 다가온다는 것을 시각적으로 인지할 수 있어요.

집 퍼즐 활용 방법

❶ 보호자에게 받은 사진을 학생에게 보여주고, 어디인지 물어보아 자기 집이라는 것을 인식하는지 확인해요. 인식하지 못하는 것으로 판단이 되면 사진을 보여주고 "○○이 집이네요."라고 반복해서 말해줘요.

▲ 퍼즐 일과표

❷ 학생이 사진을 보고 자기 집이라는 것을 인식한다고 판단이 되면 "이건 ○○이 집이에요. 수업 시간이 끝날 때마다 선생님이 퍼즐을 한 조각씩 줄 거예요. 그러면 ○○이가 붙이세요. 다 붙이면 집에 갈 수 있어요."라고 알려줘요.

❸ 실제로 수업이 끝날 때마다 조각을 1개씩 주고, 학생이 잘 붙이는지 확인해요. 붙인 뒤에는 "이제 (   )개 남았네요."라고 말해줘요. 익숙해진 뒤에는 몇 개가 남았는지 학생에게 물어볼 수도 있어요.

특수교사의 특별한 TIP

▶ 학생이 자기 집이라고 알아볼 수 있을 만한 사진을 보호자에게 요청해요. 학생의 집이라고 여러 번 알려주어도 학생이 인지하지 못하면 집에서 가족들이 활동하고 있는 모습을 담은 사진으로 교체해요.

▶ 퍼즐 조각의 수는 가장 수업이 많은 날의 시수만큼 만들어요. 예를 들어 월~수요일은 5교시, 목요일은 6교시, 금요일은 4교시까지 수업이 있다면 퍼즐 조각을 6개(가장 수업이 많은 날, 목요일의 시수)로 만들고, 월~수요일에는 퍼즐 판에 1개를 미리 붙여놓고, 금요일은 2개를 붙인 뒤 학생에게 제공하면 돼요. 칠판 한쪽 구석을 이용하면 학생이 언제든지 확인할 수 있어요.

위와 같은 자료들은 학생이 학교에서의 일과를 익히도록 하는 것이 목적이라는 공통점이 있지만 학생에 따라 적절한 일과표의 형태는 다를 수 있어요. 찍찍이를 붙였다 떼는 활동 자체에 지나친 흥미를 보이는 학생에게 일과 카드를 붙였다 떼는 형태의 일과표를 제시하면 기대한 효과를 얻기 어려울 거예요. 지도하고자 하는 학생의 특성을 고려하여 적절한 형태로 만들어 사용하는 것이 가장 중요해요.

학교에서의 내 기분 알아보기

화가 났을 때 소리를 지르거나 물건을 던졌던 학생은 그렇게 해서는 안 된다는 것을 배웠을 거예요. 그러나 이후에 화가 났을 때, 자신이 화가 난 상태라는 것을 모른다면 배운 대로 행동하려고 노력할 수 있을까요? 학생들은 학교에서 화뿐만 아니라 다양한 기분들을 느끼게 돼요. 자신의 행동을 조절하기 위해서 기분 상태를 아는 것은 중요해요.

책을 보면 컬러 몬스터의 색이 기분에 따라 변하는 것을 발견할 수 있어요. 기쁠 때는 노란색, 무서울 때는 검은색으로 변하고 이 외에 연두색, 빨간색, 파란색으로 변하기도 해요. 컬러 몬스터가 처음 학교에 가는 날, 5가지 색이 모두 뒤섞여 친구에게 이끌려가는 모습은 미지의 세계로 떠나는 설레면서도 혼란스러운 컬러 몬스터의 기분을 잘 나타내고 있어요. 학생들도 학교에 적응하기 전까지는 매일 컬러 몬스터와 같은 기분이지 않을까요? 이러한 기분을 알아차리고 긍정적으로 해소할 수 있도록 돕는다면 학교에 잘 적응할 수 있을 거예요.

이 책보다 먼저 출판된 《컬러 몬스터: 감정의 색깔》을 읽었던 학생들은 컬러 몬스터가 학교에 가는 장면, 교실과 친구들을 소개받는 장면을 보고 "선생님, 색이 섞여 있어요.", "검은색이에요."라며 컬러 몬스터의 기분 변화를 바로 알아차리기도 해요. 이 장면들만큼은 컬러 몬스터의 기분과 함께 학생의 기분을 꼭 물어보세요. 학생들이 학교에 와서 느끼는 기분, 교실과 친구들을 대할 때의 기분을 들어볼 수 있어요.

이 외에 학생들의 기분을 알 수 있는 두 가지 활동이 있어요. 학생들이 말로 모든 것을 표현할 수 있다면 좋겠지만 그렇지 않기에 공예 활동을 병행할 수 있어요.

첫째, **휴지심 컬러 몬스터 만들기**예요. 휴지심의 한쪽 끝의 가운데를 눌러 양쪽을 뾰족하게 귀처럼 만들어 주면 간단하게 컬러 몬스터가 만들어져요. 여기에 색칠하고 컬러 몬스터에 비유하여 내 기분을 표현하도록 해요. 다 만든 것을 보고 "○○색으로 칠했구나. 왜 이 색으로 색칠했어요?"라고 대화를 시작할 수 있어요. 휴지심은 인터넷에서 구매할 수도 있어요.

▲ 휴지심 컬러 몬스터 만들기

둘째, **내 얼굴 입체 북 만들기**예요. 먼저 A4용지로 대문 접기를 하고 가운데 두 면을 포개 얼굴형, 코, 입 부분을 살짝 잘라요. 양쪽 문 부분에는 내 이름, 좋아하는 색, 지금 내 기분 등을 자유롭게 표현해요. 이 입체 북을 통해 나를 친구에게 소개하거나 내가 친구에 대해서 알 수 있어요. 친구와 가까워지면 학교에 있는 시간을 조금 더 편하게 느낄 거예요.

내 얼굴 입체 북 만들기 활동 순서

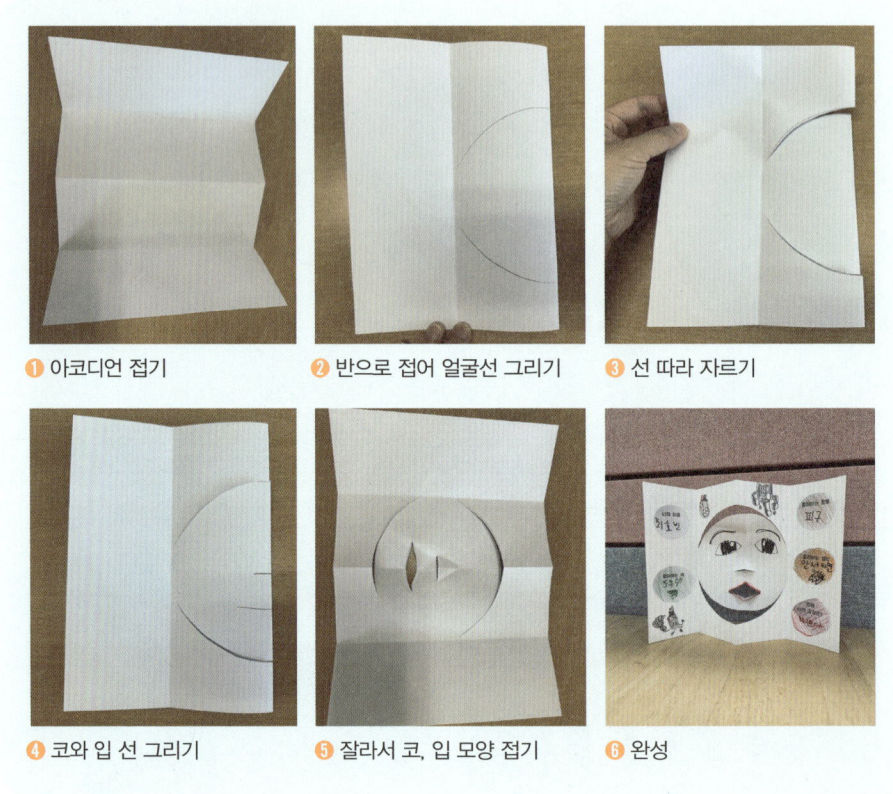

❶ 아코디언 접기　❷ 반으로 접어 얼굴선 그리기　❸ 선 따라 자르기
❹ 코와 입 선 그리기　❺ 잘라서 코, 입 모양 접기　❻ 완성

모든 학생이 모이는 시간에 위와 같은 활동을 하면 자연스럽게 다른 친구의 기분도 알 수 있게 되니 공감대를 형성하기에 좋아요. 그리고 학교에 오는 것을 불편하게 느끼는 학생들에게는 학생이 친숙하게 느끼는 집과 비교하여 여러 가지 면에서 달라서(예 집은 오랜 시간 지내왔던 곳임, 학교는 집보다 사람이 훨씬 많음 등) 편치 않은 것이 당연하다는 점을 인정해 주세요.

 학교에서 지켜야 할 것이 있어요

학교에 적응하였다면 교내 다른 사람들과 함께 잘 지내기 위해 학교 규칙을 익혀야 해요. 규칙 지키기는 학생들이 자기조절능력을 키우고, 다른 사람과 긍정적인 관계를 맺기 위해서 꼭 필요해요. 규칙을 지도할 때는 일관성을 가지고 간단하게 반복적으로 지도해야 하니 백 마디 말보다 친숙한 그림책 한 장이 더 효과적일 수 있어요. 그림책 장면을 활용해 학교에서 지켜야 할 규칙들에 대해 알아보고 규칙 지키기를 체득하도록 해요.

규칙 익히고 다짐하기

학생들에게 규칙을 지도하는 일은 결코 쉬운 일이 아니에요. 하나하나 가르쳐야 하고 오랜 시간 지속해서 지도해야 한다는 점에서 무척 어려워요.

이렇게 가르치기 어려운 규칙, 왜 가르쳐야 할까요? 학생들은 자기가 하고 싶은 대로 하려고 하고 그렇게 해요. 자기 위주로만 하고 싶고, 지금 당장 하고 싶어 해요. 하지만 이렇게 행동하는 학생이 학교생활을 잘할 수 있을까요? 당장 1학년 교실만 들여다보아도 복도에서 뛰었다거나 중간에 끼어들었다며 교사에게 고자질하는 경우가 하루에도 몇 번씩 있어요. 특수교육 대상 학생이라고 해서 통합학급 학생들이 이해해 줄까요? 처음에는 ○○이가 몰라서 그런 것이라는 교사의 말에 참고 넘어가지만 이런 일이 반복되면 결국 특수교육 대상 학생을 싫어하고 점차 상대하지 않게 되지요. 학급 구성원으로 또래들과 잘 지내기 위해 힘들지만, 규칙을 준수해야 해요.

이 책에서는 교내 여러 장소, 활동 시간에 대해 다루므로 **해당하는 상황에 지켜**

야 할 규칙들을 연계하여 지도할 수 있어요. 규칙을 모르는 학생은 규칙을 알려주는 것부터 시작하고 규칙을 아는 학생들은 이미 알고 있는 것을 교사가 주입식으로 다시 안내하기보다는 학생이 알고 있는 규칙을 직접 말해보도록 해주세요. 학생이 알고 있는 규칙이 무엇인지 파악하고 잘 지킬 수 있도록 독려할 수 있어요.

학생이 해당 장소 또는 시간에 지켜야 할 규칙을 말하면 교사가 말을 다듬어 주고, 라벨프린터기를 이용하여 바로 출력하여 학생에게 주세요. 학생은 그림책에 자신이 말한 규칙이 적힌 스티커를 붙이면서 다시 한번 규칙을 상기할 수 있어요. 이후에는 규칙을 지켜야 하는 이유에 대해서 학생들과 이야기를 나누고 친구들 앞에서 규칙을 지키겠다고 다짐하도록 할 수 있어요. 다짐하는 모습을 사진이나 동영상으로 찍어 보여주면 학생들이 흥미를 느끼고 구두로 안내한 것과 같은 효과를 볼 수 있어요.

학생이 규칙을 지키지 못한 경우에는 어떻게 해야 할까요? 자기 행동에 관한 결과를 경험하지 못하면 규칙을 지키고자 하는 의지는 생기지 않아요. 따라서 무언가를 얻고자 규칙을 어겼다면 얻은 것을 회수하고, 다른 친구들보다 먼저 하려고 규칙을 어겼다면 기다리는 시간을 제공함으로써 행동의 결과를 받아들이고 스스로 행동을 통제할 수 있도록 해야 해요. 그러나 요즘에는 학생들에게 무엇 하나 하기가 조심스러운 때이고 보호자의 생각이 다르다면 학교에서 아무리 애를 써도 학생이 받아들이기 어려워 지도의 효과가 떨어지기 때문에 이러한 학생 지도 방법은 개별화교

▲ 규칙 다짐하기

육지원팀 협의 시, 보호자를 비롯한 구성원 간에 충분히 협의하여 정하고 개별화 교육계획에도 기록해요.

사회적 상황 이야기 익히기

사회적 상황 이야기는 사회적 상황을 이해하거나 필요한 사회적 기술을 익힐 수 있도록 구성된 학생들이 이해하기 쉬운 짧은 이야기예요. 학생들에게 특정 상황에서 해야 할 적절한 말이나 행동을 알려줄 때 사용하면 좋아요. 사회적 상황 이야기는 학생들이 좋아하는 그림을 활용하면 학생들이 호감을 느끼고 친숙해지기 때문에 그림책 장면을 활용하여 지도할 수 있어요.

그림책을 읽으며 학교에 처음 간 컬러 몬스터가 겪는 어려움에 관해서 이야기를 나누고 학생들이 학교에서 겪는 어려움은 무엇인지 물어보아요. 그리고 학생들이 말한 어려움을 해결할 방안이 무엇인지도 함께 이야기 나누어요. 이야기를 나눈 내용을 바탕으로 컬러 몬스터 캐릭터를 활용하거나 학생들의 실제 학교생활 모습이 담긴 사진을 활용하여 사회적 상황 이야기를 만들 수 있어요.

예를 들어, 음악 시간의 소리 때문에 유독 예민한 반응을 보이는 특수교육 대상 학생이 있다면 컬러 몬스터가 학교에서 겪는 어려움에 관해 이야기를 나눌 때, 해당 학생에게는 어떠한 어려움이 있는지 물어보세요. 그리고 어떻게 하면 해결할 수 있을지 이야기를 나누어요. 여러 가지 방법이 있겠지만 학생이 교실에서 분리되지 않으면서 다른 학생들의 수업에도 방해가 되지 않는 방법을 먼저 고려해요. 위의 경우에는 해당 학생에게만 음악 소리를 줄여줄 수 있도록 헤드셋을 착용하는 것이 방법이 될 수 있어요. 실제로 헤드셋을 착용하였을 때 학생이 느끼는 불편함이 감소한다면 이후에 같은 상황에서는 헤드셋을 착용하는 것으로 약속해요. 그리고 이러한 내용을 그림으로 나타내서 시각적으로 쉽게 알아볼 수 있도록 해요. 그림책 속 캐릭터를 활용하거나 학생이 좋아하는 캐릭터가 있다면 그것을 활용하면 좋아요.

학생은 수업 시간에 조용히 해야 한다는 규칙을 지키고자 자신이 겪는 어려움을 적절한 방법으로 표현하며 자신의 행동을 조절할 수 있어요.

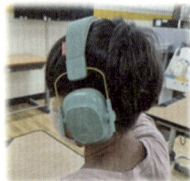

음악시간에 노래를 틀면 시끄럽고 귀가 아플 수 있어요.
헤드셋을 쓰면 조용해질 수 있어요.

▲ 사회적 상황이야기 카드

 사회적 상황 이야기 만드는 방법

 해야 할 일 이야기 하기: 학생이 어려워하는 상황에 관해 이야기를 나누고 목표 행동을 정해요.

> **대화 예시**
>
> 교사: (그림책 장면을 보며) 지금은 무슨 시간인 것 같아요?
>
> 학생: 음악 시간이요.
>
> 교사: 음악 시간에 어려운 점이 있는 친구가 있으면 말해보세요.
>
> 학생: 시끄러워요.
>
> 교사: 네. ○○이는 음악 시간에 소리를 듣기 어려워하죠. 그럴 땐 어떻게 해야 할까요?
>
> 학생: 헤드셋을 써요.
>
> 교사: 맞아요. ○○이가 시끄러워서 힘들 때는 헤드셋을 쓰면 작게 들려서 참을 수 있을 거예요. 음악 시간에 시끄러울 때는 선생님께 말하고 헤드셋을 쓸 수 있겠어요?
>
> 학생: 네.

간단한 이야기로 만들기: 친숙한 그림과 함께 간단한 말로 표현해요.

> **대화 예시**
>
> 교사: 그러면 우리 이야기를 만들어 볼까요?
> 　　　음악 시간에 노래가 나오면 어때요?
> 학생: 귀가 아파요.
> 교사: 그러면 어떻게 해야 할까요?
> 학생: 헤드셋을 써요.
> 교사: 네 맞아요~ 선생님과 함께 문장을 따라 읽어볼까요?
> 교사, 학생: 음악 시간에 노래를 틀면 시끄럽고 귀가 아플 수 있어요. 그러면
> 　　　　　　선생님께 말씀드리고 헤드셋을 써요.

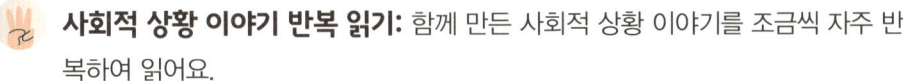 **사회적 상황 이야기 반복 읽기:** 함께 만든 사회적 상황 이야기를 조금씩 자주 반복하여 읽어요.

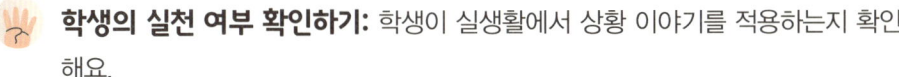 **학생의 실천 여부 확인하기:** 학생이 실생활에서 상황 이야기를 적용하는지 확인해요.

너에게 주는 말 선물
이라일라 글, 서영 그림
파스텔하우스

내 마음을 잘 표현하고 싶어요

다른 사람에게 내 마음과 생각을 표현할 때 어떤 말로 표현할지 짧지만 분명하게 진심을 담은 말들을 선물처럼 주고받아요.

"관계를 맺을 때 가장 중요한 것 중 하나는 의사소통 기술이에요. 학생들에게 '어떻게 마음을 표현해야 할까?'라고 물어봤을 때 '좋아, 싫어, 고마워, 미안해'와 같이 단순한 말들로 표현할 때가 많아요. 간단하지만 상황에 적절한 다양한 표현을 사용해 자신의 의견을 표현하는 어휘를 늘려줄 수 있어요. 또한 짧고 분명한 의사 표현을 반복해서 가르쳐주는 게 중요해요. 내 마음을 표현하는 말을 다양한 방법으로 경험할 수 있도록 수업을 디자인했어요."

동기유발

그림책에 있는 장면들을 하나씩 보며 어떤 상황일지 상상해 볼 수 있어요. 학생들이 자신의 입으로 이야기해 보며 책의 내용에 조금 더 집중할 수 있어요.

'참 좋은 말' 동요를 들으며 좋은 말을 떠올릴 수 있어요. 내가 좋아하는 참 좋은 말에는 무엇이 있는지 이야기 나누어 보아요.

그림책에 나오는 말의 초성을 제시하여 퀴즈 맞히기를 해요. 한글을 아는 학생들에게 흥미를 유발하며 집중도를 높일 수 있어요.

 ## 예쁘고 고운 말로 표현해요

학생들은 다른 사람에게 마음을 표현해야 하는 여러 가지 상황에서 어떻게 말할까요? 말 대신 손이 먼저 나가기도 하고 '싫어' 아니면 '좋아'와 같은 단순한 말들로 모든 마음을 표현하기도 하지요. 다른 사람과 상호작용을 하기 위해서는 **마음을 표현하는 말**에 무엇이 있는지 알아야 해요. 그림책 장면을 살펴보며 아이들이 겪는 상황 속에서 어떤 말로 마음을 표현할 수 있는지 알아보고 말놀이하기, 편지 주고받기 등의 활동을 통해 마음을 표현하는 말을 연습해 보도록 해요.

내가 좋아하는 말 만들기

그림책에는 마음을 표현하는 다양한 말 선물들이 등장해요. 장면을 하나씩 살펴보며 어떤 상황에서 어떤 말들을 할 수 있는지 이야기를 나누어요. 처음에는 장면만 제시하여 어떤 말을 할 수 있을지 학생에게 질문하고 그림책에서 나온 말 선물이 무엇인지 확인해요. 이때 그림책에 나온 말뿐만 아니라 학생이 말한 것도 적극적으로 수용해 주어요.

이후에는 자음과 모음 글자를 만들고 조합해서 앞에서 찾은 말 선물 중에 학생이 좋아하는 말을 만들도록 해요. 이 활동은 마음을 표현하는 말과 한글 공부를 함께 할 수 있는 활동이에요. 자음과 모음 글자 카드 뒷면에 자석을 붙여 칠판에 붙였다 떼었다 할 수 있도록 만들고 다양하게 조합해 보며 자음과 모음의 결합 원리를 자연스럽게 알아볼 수 있어요. 선생님이 들려주는 소리를 듣고 글자를 찾아보도록 할 수도 있어요. 자음과 모음의 소리를 모르는 학생은 교사가 들려주는 소리를 따라 말하고 친구들이 찾는 글자를 보고 같은 글자를 찾도록 해요.

자석 글자로 좋아하는 말을 만들었다면 학생들의 손이 쉽게 닿을 수 있는 교실 칠판 낮은 곳에 그대로 붙여두세요. 학생들은 칠판 앞을 지나다니면서 글자를 구경하며 누가 만들었는지 맞혀보기도 하고 읽어보려 할 수도 있어요. 친구가 만든 말 뒤에 이어지는 글자를 붙여 새로운 말을 만들 수도 있고, 자모음 글자를 옮겨 새로운 글자를 만들 수도 있어요. 각자가 만든 자음과 모음을 합쳐 하나의 글자를 만들면서 다른 사람과 협력하는 경험을 하게 돼요. 우리 반 모두가 함께 만든 '말 선물'이라 더욱 의미 있는 활동이에요.

▲ 자석 글자 만들기

특수교사의 특별한 TIP

▶ 종이, 연필, 지우개를 가지고 읽고 쓰기만 하는 한글 공부는 가뜩이나 하기 싫은 한글 공부를 더욱 지루하게 만들어요. 학생들은 재미를 느껴야 활동에 참여하려고 하므로 자기 신체로 글자 모양을 표현하기, 종이나 클레이 같은 재료로 글자 만들기 등 다양한 방법으로 글자와 친해지도록 하는 것이 좋아요.

▶ 몸으로 글자 만들기를 할 때는 친구의 몸 글자를 따라 하거나 친구가 학생의 몸 글자를 따라 하도록 놀이처럼 진행하면 더욱 즐겁게 참여할 수 있어요. 이후에는 몸 글자 사진에 한글을 덧입혀 주고 여기에 스티커를 붙이면서 다시 한번 한글을 익히도록 해요.

▶ 클레이로 만드는 글자는 연필로 쓰는 글자와는 달리 잘못 만들더라도 쉽게 다시 만들 수 있어 실패에 대한 스트레스를 줄일 수 있어요. 또한, 아직 소근육이 다 발달하지 않아 쓰기 활동이 어려운 학생들의 소근육을 발달시켜 주며 한글 학습을 진행할 수 있다는 장점이 있어요.

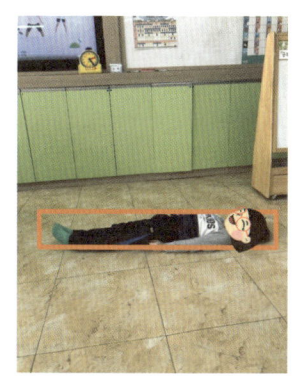  

▲ 몸으로 글자 만들기　　▲ 클레이로 글자 만들기

누리 소통망에서 대화하기

요즘에는 초등학생들 상당수가 휴대전화를 가지고 있고 고학년의 경우, 학급 활동 자체가 누리 소통망을 통해 이루어지기도 해요. 그만큼 또래들 사이에서 누리 소통망은 빠질 수 없는 소통 창구예요. 말로 주고받는 의사소통뿐 아니라 **누리 소통망**을 이용한 의사소통도 학생들에게 주된 대화 양식이 된 거예요.

> **누리 소통망[2]이란?**
> '소셜 네트워크 서비스(SNS)'를 다듬은 말로 온라인에서 자유롭게 글이나 사진 따위를 올리거나 나누는 것을 말해요.

학생의 생활연령에 적절한 교육을 하고 기능적인 생활 기술을 가르쳐야 한다는 점에서 누리 소통망을 활용하여 내 생각이나 의견을 표현하고 타인과 소통하는 기술을 가르칠 필요가 있어요.

---

[2] 출처: 이향근 외 9인, 「5학년 2학기 국어」, ㈜미래엔, 2023

누리 소통망의 대화 양식을 활동지로 제공하여 주어진 상황에 어떤 말을 하는 것이 좋을지 생각하고 써보도록 해요. 학생들이 작성한 활동지를 함께 보며 좋은 점, 수정할 점 등에 관해 이야기를 나누도록 해요. 누리 소통망을 이용할 수 있는 학생들은 글을 읽고 쓸 수 있으니, 친구의 활동지를 보고 적절한 피드백을 줄 수 있어요. 이후에는 학급용 태블릿 또는 학생들의 개인 휴대전화를 활용하여 실제로 누리 소통망에서 공감하는 말, 바르고 고운 말을 사용하여 대화를 나누도록 해요.

▲ 누리 소통망에서 대화해 보기 학습지

이때 타인에게 실례를 범하지 않도록 **누리 소통망에서 지켜야 할 예절**을 갖추어 참여하도록 하고, 자기 소유의 휴대전화가 있는 학생은 사이버 폭력이나 범죄에 노출되지 않도록 교육하는 것도 중요해요.

> **누리 소통망에서 지켜야 할 예절**[3]
> 누리 소통망 대화를 할 때는 상대의 얼굴이 보이지 않기 때문에 더욱 예의 바르게 말해야 해요. 다른 사람에게 마음의 상처를 주지 않도록 조심해야 해요.
> 1. 비난보다 친구를 칭찬하는 말을 해야 한다.
> 2. 친구가 없는 대화방에서 친구를 나쁘게 말하면 안 된다.
> 3. 얼굴을 보지 않고 말한다고 함부로 말하지 않는다.

---

[3] 출처: 이향근 외 9인, 「5학년 2학기 국어」, 2023, ㈜미래엔

누리 소통망에서 의사소통하는 경험이 많을수록 자연스럽게 활용할 수 있으므로 해당 기술을 습득해야 하는 학생에게는 교사나 보호자의 관리하에 자주 활용할 수 있도록 해주는 것이 좋아요. 학생들이 스스로 휴대전화 사용을 절제하기 힘들기 때문이에요. 가정에서는 휴대전화 사용 시간을 제한할 수 있는 앱을 설치하여 관리할 수 있도록 안내할 수도 있어요.

고운 말 말판 게임하기

그림책에 나온 상황 그림을 활용하여 **주사위 말판 게임**을 만들어 놀이로 익힐 수 있도록 하는 활동이에요. 그림책에서 배운 표현을 게임으로 반복해서 연습할 기회를 가질 수 있도록 해요. 즐거운 놀이로 의사 표현을 연습한다면 아이들의 집중력은 더욱 UP! 읽고 쓰는 활동에 학생들이 힘들어할 때 흥미를 높이는 활동으로 좋아요.

학생들이 간단한 게임을 할 때도 규칙을 지켜 놀이하는 것을 어려워할 때가 있어요. 별것 아닌 일에 쉽게 삐지기도 하고 내 맘대로 하고 싶어 할 때도 있죠.

> 예전에 한 친구가 함께 게임을 하다가 갑자기 울먹거리며 교실 뒤편으로 뛰쳐나간 일이 있었어요. 그래서 무슨 일인지 물었더니 친구가 자신에게 손가락질해서 기분이 나쁘다고 하더군요. 친구가 자신의 차례라고 손으로 가리킨 것을 자신을 비난했다고 받아들여서 화를 내는 것을 보고 놀이도 연습과 경험이 필요하구나 싶었어요. 특수학급에서 간단한 놀이를 함으로써 순서를 지키는 방법, 양보하는 법 등 친구들과 규칙을 지키고 배려하며 노는 방법을 익힐 수 있어요. 처음에는 쉽지 않았지만, 놀이활동을 반복하다 보니 학기 말쯤 되어서는 긍정적인 변화가 있었어요. 학생들이 자신의 차례를 기다리는 시간이 늘고 게임에 이길 수도 있고 질 수도 있다는 것에 대해 받아들이는 모습도 보여서 기특했어요.

 활동 순서

1. 가위바위보로 순서를 정한다.
2. 출발 지점에서 주사위를 던져 나오는 숫자만큼 칸을 이동한다.
3. 멈춘 지점에 있는 그림을 보고 상황에 어울리는 말을 한다.

예 주사위에서 6이 나왔을 때, 말판의 그림을 보고 친구가 처음 자전거를 타는 상황임을 파악한 뒤, "할 수 있어!", "천천히 해 봐." 등의 말을 한다.

▲ 고운 말 말판

▲ 말판 게임 장면

 말 선물을 할 수 있어요

다른 사람에게 어떻게 마음을 표현해야 하는지 알았다면 이제는 직접 친구에게 전달해 보는 시간이에요. 배운 것들을 일반화하기 위해서는 다양한 상황에서 적용할 수 있어야 해요. 관계 맺기는 다른 사람과 끊임없이 주고받는 과정이라고 할 수 있어요. 다른 사람에게 관심을 가지고 마음을 주고받을 수 있도록 여러 가지 활동을 할 수 있어요. 그림책의 제목처럼 말 선물을 친구에게 전달해 볼 수 있도록 재미있고 다양한 활동을 구성해 보았어요.

말풍선에 담아 마음 전하기

평소에 가까이 있지만 서로 칭찬과 좋은 말을 할 기회가 잘 없는데 서로에게 해주고 싶은 말을 써주는 활동을 함으로써 **의사 표현의 기회를 제공**할 수 있어요.

먼저 그림책을 통해 어떤 말이 선물이 되는 말인지 알아보고 친구에게 해주고 싶은 말을 생각해 보아요. 그리고 말풍선에 친구에게 해주고 싶은 말 선물을 적어 친구에게 붙여주도록 해요. 말풍선을 붙여주는 아이의 손에 모든 아이의 시선이 쏠리고 내심 나에게 붙여주길 원하는 마음으로 두근두근 기다려요.

반 친구들의 얼굴 사진을 크게 붙이고 말풍선 종이를 학생들에게 주어 친구에게 주고 싶은 말을 적도록 해요. 말풍선을 활용함으로써 말풍선 안에는 인물의 생각이나 말을 쓸 수 있다는 것을 알게 돼요. 친구들이 써준 말들로 대화 주고받기 활동도 할 수 있어요. 친구에게 써준 말을 보기만 하는 것이 아니라 직접 말해보고 대답해 보는 활동을 통해 마음을 나타내는 표현을 연습해요.

이 활동을 하고 교실에 전시해 두니 지나다니면서 친구들이 나에게 어떤 말을 써주었는지 몇 번이고 읽어달라고 하더라고요. 친구와 기분이 좋아지는 말 선물을 나눈 경험은 다른 사람에게도 좋은 말을 할 수 있는 계기가 될 수 있어요. 그리고 교실에서 마음을 표현할 적절한 말을 찾지 못할 때 함께 만든 말 선물 판을 활용해 마음을 나타내는 표현을 사용해 볼 수 있어요. 말풍선 종이는 출력 후 오려서 사용할 수도 있고, 말풍선 모양의 점착 메모지를 구입할 수도 있어요.

▲ 너에게 주는 말풍선 판

친구에게 릴레이 말 선물 건네기

어린 시절 친구들과 롤링페이퍼를 했던 기억 다들 있으시죠? 친구들에게 한 줄이라도 편지를 받으면 보고 또 보고 기분이 정말 좋았던 기억이 있는데요. 친구에게 **릴레이 말 선물**을 하는 활동을 통해 같은 반 친구에게 해주고 싶은 말을 편지에 써서 전해보는 시간을 가져요. 이 활동을 통해서 실생활에서 친구를 생각하는 말을 해보는 연습을 해볼 수 있고 우정을 다지는 좋은 시간이 될 수 있어요. 자신이 주고 싶은 친구에게 편지를 전해줄 수도 있지만, 번호를 뽑아서 릴레이 편지 주고받기를 하며 평소 친하지 않았던 친구와도 대화를 나눌 수 있는 시간을 가질 수 있어요. 소외되는 친구들 없이 모두가 함께 말 선물을 나누어 받을 수 있겠죠?

학생들의 쓰기 수준에 따라 편지지 양식의 **난이도를 조정**하여 제공할 수 있어요. 단어 수준으로 쓸 수 있는 학생에게는 단어를 적을 수 있는 빈칸과 보기를 제시할 수 있고, 문장 수준으로 쓸 수 있는 학생은 자유롭게 쓸 수 있도록 빈칸을 제시해요.

 활동 순서

첫째! 1번부터 7번까지 차례대로 번호를 뽑는다.

둘째! 1번 친구는 2번에게, 2번 친구는 3번에게, 릴레이로 말 선물 편지를 쓴다.

셋째! 말 선물을 다 쓴 사람은 친구에게 말 선물을 읽으며 건네준다.
(편지지를 예쁘게 꾸며서 주면 더 좋겠죠?)

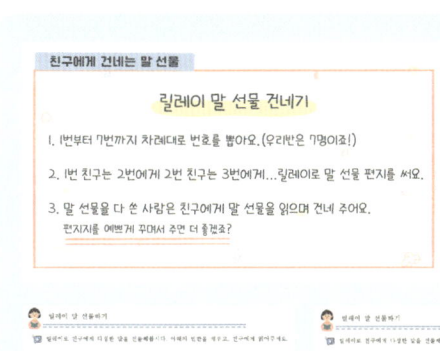

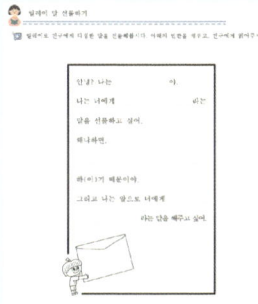

▲ 단어 수준 학생의 학습지 양식   ▲ 문장 수준 학생의 학습지 양식   ▲ 친구에게 말 선물 편지 쓰기

▲ 친구에게 쓴 말 선물 편지들

말 선물 어드벤트 캘린더 만들기

이 활동은 연말에 하기 좋은 활동이에요. 크리스마스 즈음에 매일 하나씩 열어보는 재미가 있는 어드벤트 캘린더를 말 선물과 함께 전해보아요. 말 선물 종이를 크리스마스트리처럼 꾸며놓으면 크리스마스 환경 구성까지 할 수 있어요. 매일매일 하게 되는 활동이다 보니 아이들이 선물을 열어보고 싶은 기대감에 학교 나오는 걸 더욱 즐거워해요! 아무 때나 선물을 열어보는 것이 아니라 자신이 열어볼 순서를 기다리며 차례 지키기 연습도 할 수 있어요. 이 활동을 통해 자연스럽게 **다른 사람에게 관심을 가지고 긍정적인 상호작용**을 할 수 있고, 선물을 열고 끝이 아니라 그 말을 하루 중 사용하기 위해 노력해야 한다는 점이 이 활동의 핵심이에요.

아이들이 긍정적인 어휘를 사용하려면 가르쳐주는 것뿐만 아니라 반복해서 연습하는 것이 중요하다고 생각해요. 특히 새로운 말을 기억하기 어려운 우리 학생들에게는 같은 말이라도 한 번 배우고 끝이 아니라 여러 번 할 기회를 주어야 해요. 한 달이라는 시간 동안 매일, 여러 사람에게 사용해 보는 기회를 가진다면 일반화에 도움이 될 거예요. 다른 사람에게 힘이 되는 말을 사용하였다면 칭찬과 선물은 덤으로 주어져요.

어드벤트 캘린더(Advent Calendar)란?
12월 1일부터 25일까지의 칸에 작은 선물이 들어있는 달력이다. 어떤 선물이 들어있을지 몰라서 매일 새로운 선물을 받으며 성탄절을 기다리는 재미가 있다.

 활동 순서

1. 이전 차시에 배웠던 '누군가에게 선물이 되는 말' 떠올리기
2. 어드벤트 캘린더에 대해 알아보기
3. 우리 반 어드벤트 캘린더 만들기(종이접기)
4. 어드벤트 캘린더에 말 선물과 소소한 선물 넣기(사탕, 초콜릿 등)
5. 12월 한 달 동안 돌아가며 어드벤트 캘린더 챌린지 하기
   - 순서를 정해 돌아가며 해당 날짜(예:12월 3일이면 3번)의 캘린더를 연다.
   - 캘린더 안에 들어있는 말 선물을 오늘 하루 동안 자주 사용하려고 노력한다.
   - 하루 동안 내가 누군가에게 힘이 되는 말을 해주었다면 소소한 선물을 받을 수 있어요.

▲ 어드벤트 캘린더 만들기

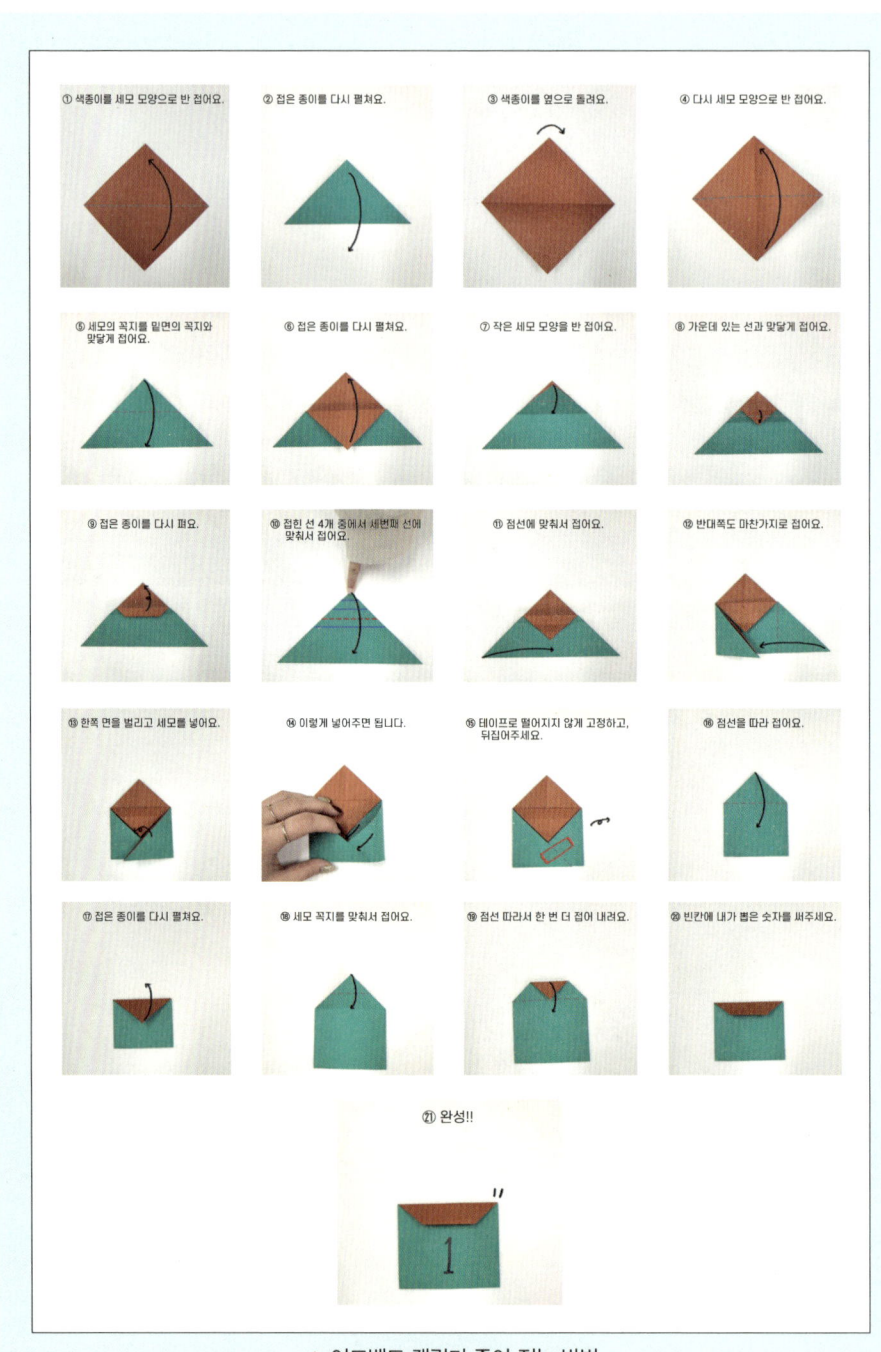

▲ 어드벤트 캘린더 종이 접는 방법

특수교사의 특별한 TIP

▶ **구어로 의사소통하기 어려운 학생들을 위한 보완·대체 의사소통 AAC**

보완 대체 의사소통(Augmentative and Alternative Communication)이란 독립적으로 말이나 글을 사용하여 의사소통할 수 없는 사람들의 문제를 감소시키고 언어능력을 촉진하기 위해 사용하는 말(구어) 이외의 여러 형태의 의사소통 방법을 말해요. 출처: 특수교육학 용어사전

구어로 의사소통하기 어려운 학생들을 위해서는 보완 대체 의사소통 도구를 활용하여 마음을 전하는 말을 할 수 있어요. 자신이 표현하고 싶은 카테고리를 선택할 수 있을 정도의 인지적 수준이 되는 학생은 아래에 안내된 무료 애플리케이션을 사용하는 것도 좋을 것 같아요. 초등학교 저학년이나 의사 표현의 카테고리를 선택하기 어려운 학생들은 직접 만든 의사소통판을 이용하여 학생들의 의사 표현을 도와줄 수 있어요.

▶ **무료 애플리케이션**

※ 위톡(Wetok App): 국립특수교육원에서 개발한 보완·대체 의사소통(AAC) 도구인 안드로이드용 애플리케이션

내가 가진 것을 다른 사람과 나누어요

늘 무언가를 함께 나누어야 하는 5남매. 하지만 서로 더 많이 갖고 싶은 것일수록 나누는 것은 쉽지 않은 일이라는 것을 경험해요.

"자신이 속한 환경 속에서 사회적 관계를 형성하기 위해서는 내 것을 다른 사람과 나눌 수 있어야 해요. 무언가를 온전히 나만 누린다는 만족감을 포기하는 것은 쉽지 않은 일이기에 나누는 방법을 익히고 실천할 수 있도록 수업을 디자인했어요."

우리가 케이크를 먹는 방법
김효은 글, 그림
문학동네

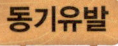 **동기유발**

 분량이 많은 그림책은 학생들이 교사가 읽어주는 것을 끝까지 듣기 어려워해요. 이럴 때는 교사가 미리 그림책의 내용을 스캔하여 일부 그림을 움직이게 하고 그림책을 읽어주는 음성과 적절한 효과음을 넣으면 학생들이 훨씬 집중을 잘하며 들을 수 있어요.

 학생들에게 "이제부터 그림책에 나오는 것들을 선생님이 그려볼게요. 무엇인지 맞혀 보세요."라고 안내한 뒤 학생들이 쉽게 맞힐 수 있는 케이크, 우유, 사과 등을 그려요. 하나씩 맞히면서 학생들이 그림책에 대한 궁금증을 갖게 돼요.

 그림책의 장면과 오르프 악기를 제시하고 해당 장면에 대한 느낌을 다양하게 소리를 내 표현하도록 해요. 몸을 움직이고 소리를 들으며 여러 감각을 사용하다 보면 그림책 내용에 흥미를 느낄 수 있어요.

 읽기가 가능한 수준의 학생들이라면 두 명씩 짝을 지어 한 권씩 책을 주고 왼쪽 페이지는 왼쪽에 앉은 학생이, 오른쪽 페이지는 오른쪽에 앉은 학생이 읽게 하면(또는 한 장을 1번 학생, 다음 장을 2번 학생, 그 다음 장은 다시 1번 학생) 교사가 읽어주는 것과는 또 다른 재미를 느낄 수 있어요.

 **문제를 해결해요**

우리는 생활 속에서 다양한 문제를 만나게 돼요. 나눔은 문제를 해결하는 좋은 방법 중 하나예요. 그러나 나이가 어린 학생들은 주변으로부터 도움을 받는 것에 익숙하고 인지발달 단계상으로도 자기중심적인 사고를 하는 시기이기 때문에 내 몫의 일부분을 포기하고 다른 사람과 무언가를 나누기가 어려워요. 학생의 사회적 관계 형성을 위하여 나눔을 통해 문제를 해결하는 방법을 알아보고 직접 나누어보는 활동을 하도록 지도해야 해요.

시각 자료를 활용하기

학급에서는 학생들이 서로 "내 거야." 하며 다투는 경우가 정말 많아요. 이러한 상황들도 나눔을 통해 해결할 수 있어요. 학생들이 자주 다투는 상황을 예로 들어 "~한 상황에서 어떻게 공평하게 서로 나누면 좋을까?" 하고 물어보고, 학생들의 대답을 들어보세요. 조정이 필요한 부분은 선생님께서 의견을 덧붙이고 모든 학생의 동의하에 학급에서 규칙처럼 적용할 수 있게 해요. 나눔을 실천하여 함께 누릴 수 있게 된다면 더 즐겁게 학교생활을 할 수 있을 거예요.

수업 의도 학생들이 자주 다투는 상황을 시각 자료로 제시하여 함께 해결 방안을 모색할 기회를 제공해요.

활동 방법 ❶ 하 수준: 융판에 시각 자료를 붙여 제시해요. 해결책도 같이 보기로 제시하면 학생들이 쉽게 해결책을 찾을 수 있어요.

❷ 상 수준: 칠판에 마인드맵으로 정리해요.

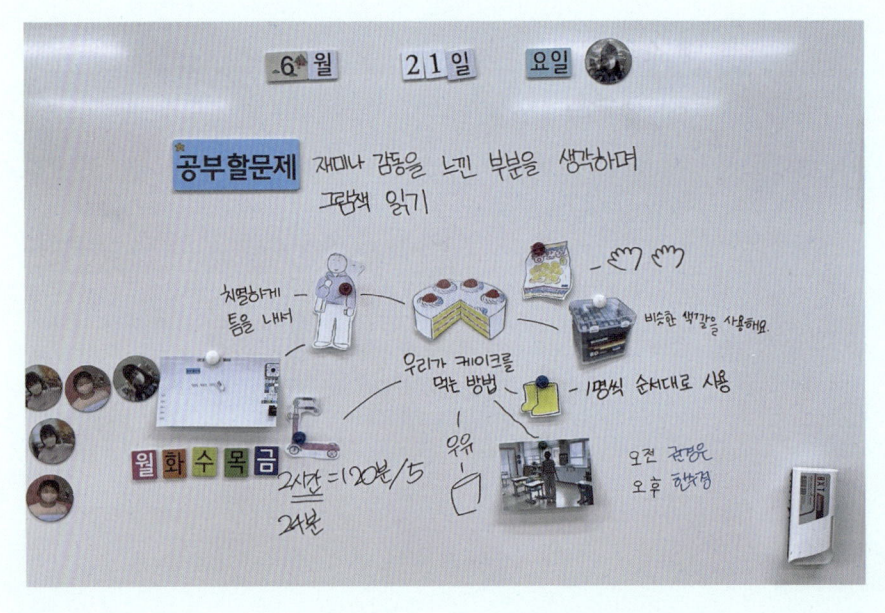

장점   필요한 시각 자료를 미리 준비하여 제시할 수 있어 학생의 흥미를 이끌어 낼 수 있고, 참여 과정에서 학생들이 스스로 해결 방안을 찾게 되므로 이를 지키고자 더욱 노력하게 돼요.

하나를 여럿이 나누기

요즘 학생들은 물질적으로 풍요로운 환경에서 살고 있어 나눔을 경험할 일이 드물어요. 결핍을 경험해 보지 못한 사람은 일상의 감사함을 느끼지 못하고, 다른 사람의 입장을 이해하지 못할 수 있어요. 모두가 원하는 것을 각자 나누어 갖기에는 부족한 상황 속에서 그것을 어떻게 다 함께 나누면 좋을지 생각해 보고 실천할 필요가 있어요.

콩 한 쪽도 나누어 먹는다는 속담처럼 학생들이 삶 속에서 친구들과 나누어 보는 경험을 할 수 있도록 했어요.

수업 의도 사람 수대로 마련되어 있지 않은 것을 나누는 경험을 하도록 해요.

활동 방법
1. 개별 포장되지 않은 간식을 준비해요.
2. 학생들이 목이 마르거나 배고플 시간에(체육수업을 마친 후, 오후 수업 시간 등) 간식을 먹고 싶은 사람이 있으면 손을 들게 해요.
3. 손을 든 사람을 서로 확인하게 하고 나누어 먹어야 하는 상황임을 깨닫게 해요.
4. 공평하게 나눌 방법에 대해 각자의 의견을 말하고 귀담아들으며 방법을 찾게 해요.
5. 학생들이 결정한 방법으로 간식을 나누어 먹어요.

장점 모두가 원하는 간식을 교구로 활용함으로써 학습에 대한 부담감을 줄이고 인원수에 따라 공평하게 나누는 경험을 할 수 있어요.

대화 예시

그림책 속 관련 장면을 활용한 발문 [치킨 한 마리를 가족끼리 나누어 먹는 장면]

교사: 무엇인가 나누려고 하고 있네요. 무엇이지요?

학생: 치킨이요.

교사: 치킨 좋아하는 사람 손 들어보세요.

학생들: 저요.

교사: 모두 치킨을 좋아하네요. 여기에서도 가족들이 치킨을 먹고 한 마리를 나누어 먹어야 하네요. 형은 키가 크는 중이라서 자기가 먹어야 한다고 하고, 누나는 지난번에 양보했으니 자기가 먹어야 한다고 하고, 아빠는 치킨을 사 온 사람이 누구냐고 물으시네요. 그런데 벌써 치킨을 먹고 있는 사람이 있어요. 찾아보세요.

학생들: 여기요. 동생이 치킨 먹어요.

교사: 그렇네요. 어떻게 나눌지 이야기 나누고 있는데 동생이 먼저 자기가 좋아하는 부위를 집어 먹었어요. 가족들은 기분이 어떨까요?

학생A: 안 좋아요.

교사: 그렇구나. 왜 안 좋을 것 같아요?

(중략)

형태를 바꾸어 나누기

장난감, 색칠 도구, 간식 등 학생들이 나누어야 하는 대부분은 그 형태가 양감이 있는 것들이 많아요. 그래서 학생들에게 나누도록 하면 어려워하지 않고 나누는 것을 볼 수 있어요. 그러나 그림책 속에 등장한 우유를 나누는 방법을 고르도록 하면 보기를 제시하였음에도 컵 5잔에 나눠 따라놓은 그림을 고르기 어려워하는 학생들이 있어요. 액체는 양감이 없기에 나눈다는 것을 쉽게 이해하지 못할 수 있어서 원래 고체였던 것을 액체로 나누어 보는 활동을 통해 액체를 나누는 방법과 사물을 나누는 방법은 한 가지가 아니라는 것을 알려줄 수 있어요.

수업 의도 사물을 나누는 방법이 한 가지만 있는 것이 아니라는 것을 깨닫게 하여 생활 속에서 나눔을 실천할 가능성을 높여요.

활동 방법
❶ 수박 사진을 보여주고 수박을 똑같이 나누어 먹는 방법을 그림책에 나와 있는 방법 중에서 선택해요.
❷ 보통 사과를 5조각으로 나눈 그림이나 소시지를 3개씩 나눈 그림을 고르는데 모두 인정해 주고, 조각낸 수박을 나누어 먹어요.
❸ ②에서 고른 방법 외에 하나 더 고르게 하고, 우유를 컵에 나눠 담은 그림을 고르지 못하면 교사가 직접 그림을 보여주며 이렇게 나눌 수도 있다고 알려줘요.
❹ 수박 주스 만드는 방법을 안내하고 1명씩 교사와 함께 만들어요.
❺ 만들어진 주스를 컵에 똑같이 나눠 담아 마셔요.
❻ 같은 방법으로 나눌 수 있는 것들에는 무엇이 있는지 이야기를 나누어요.

▲ 교사가 제시한 사진과 학생이 고른 방법

▲ 수박주스 만들기

장점 학생들이 좋아하는 요리 활동을 통해 사물의 형태를 변화시켜 다른 사람과 나눌 수 있다는 점을 실제로 경험하게 할 수 있어요.

대화 예시

그림책 속 관련 장면을 활용한 발문 [노란 장화를 물려 쓰는 장면]

교사: 여기 ①번에 무엇이 있나요?

학생들: 장화요.

교사: 맞아요. OO이가 한번 읽어볼래요?

학생: 엄청 멋진 노란 장화

교사: 네. 잘 읽었어요. 여러분 OO이가 뭐라고 했지요?

학생들: 엄청 멋진 노란 장화

교사: 맞아요. 이 장화를 어떻게 나눌 수 있을까요? 사과처럼 5조각으로 나눌까요?

학생: 안 돼요.

교사: 왜 안 되나요? 선생님 생각에는 괜찮을 것 같은데요.

학생: 너무 작아요. 발이 빠져나와요.

교사: 아, 그렇겠네요. 옆에 보니까 사진이 있어요. 2012, 2015, 2016⋯. 이 사진을 찍은 때를 적어두었네요. 2022로 갈수록 장화가 달라져요. 그런가요?

학생: 네. 더러워요.

교사: 맞아요. 이 장화를 제일 처음에 누나가, 그다음에 형이 물려 신어서 막냇동생이 신을 때는 많이 더러워졌네요. 이렇게 하나로 나눠 신는 것은 기분이 어떨까요?

특수교사의 특별한 TIP

학생들에게 시연을 보이거나 질문을 할 때, 실수하는 척을 하거나 말도 안 되는 답변을 예시로 제시해 보세요. 교사의 엉뚱함에 학생들이 무척 즐거워하며 더 재미있는 대답을 하기도 하고, 교사의 답변에서 잘못된 점을 지적하며 올바른 대답을 하기도 해요. 학생이 어떻게 반응하든 수업에 좀 더 적극적으로 참여할 수 있게 된다는 점에서 시도해 볼 만해요.

기쁨을 나눠요

기쁜 일을 나누면 2배가 된다는 말이 있듯이 우리는 기쁜 일이 있으면 다른 사람들에게 알리고 축하받으며 처음보다 더 큰 기쁨을 만끽해요. 좋은 것이 있으면 주변 사람들과 공유하며 더 큰 즐거움을 누리기도 해요. 이러한 삶의 행복을 학생들이 경험한다면 자연스럽게 다른 사람과 소통하고자 하는 의지가 생길 거예요. 학생들이 경험할 수 있는 기쁨의 순간들을 조성해 다른 사람과 소통하는 경험을 할 수 있도록 해요.

음악을 통해 즐거움 나누기

함께하는 것이 즐거운 음악 시간이에요. 음악은 모두를 하나로 만드는 힘이 있지요. 혼자서 즐길 때보다 다 함께 즐기면 즐거움이 배가 되는 것을 느껴요. 즐거움을 나누기 위해 '우리 모두 다 함께'를 외치며 한 북에 함께 붐웨커를 쳐보아요. 혼자 치고 싶을 때도 있겠지만 힘을 모아 하나로 쳐보는 활동을 통해 협력하고 배려하는 경험을 할 수 있어요. 함께 소리 내는 경험을 통해 힘을 합치면 더욱 큰 소리와 희열을 느낄 수 있다는 것을 알아요.

수업 의도 친구와 꾸민 그림책 장면을 악기로 연주하고 노랫말에 어울리는 신체 표현을 하며 노래를 부르면서 즐겁게 소통하도록 해요.

활동 방법
1. 그림책 장면을 보고 내가 원하는 오르프 악기를 선택하여 다양하게 소리를 내요.
2. 그림책 장면을 친구들 사진과 색칠 도구로 함께 꾸며요.
3. 꾸민 그림책 장면을 악기로 연주해요(게더링 드럼은 케이크, 붐웨커는 초).
4. 신나는 동요를 듣고 부르며 노랫말에 어울리는 신체 표현을 해요.

장점 음악 수업 도구로 활용하던 악기들을 그림책 속 사물인 것처럼 상상 놀이를 곁들여 수업함으로써 학생들이 즐겁게 참여할 수 있어요.

▲ 붐웨커를 초처럼 올린 후 불어보기

▲ 붐웨커 케이크 활동

도시락 케이크 나누기

그림책처럼 케이크를 만들어 나누어 보는 활동을 해보아요. 진짜 케이크는 아니지만 나만의 도시락 케이크를 만들어 친구들과 나눌 수 있어요. 원형 종이접기에 도시락 케이크처럼 아기자기한 그림을 그려요. 그 안에는 내가 좋아하는 간식, 친구가 좋아하는 간식을 가득 담아요. 정성 가득하게 만든 선물을 나누어 보는 경험을 통해 소중한 걸 나누었을 때 기쁨이 더욱 커지는 걸 느껴요.

수업 의도 친구를 위한 선물을 준비하고 주고받는 경험을 하도록 해요.

활동 방법
❶ 예쁜 도시락 케이크 사진 여러 장을 학생들에게 보여줘요.
❷ 친구에게 선물할 도시락 케이크를 만들기로 하고 방법을 소개해요.
❸ 학생들이 직접 만들고 친구에게 주고 자신도 받는 경험을 하도록 해요.

장점 만들기 활동을 통해 활동의 재미를 느끼게 할 수 있고 선물을 주고받는 기쁨을 느끼게 하여 이후에 나눔의 필요성을 지도할 때 연계할 수 있어요.

▲ 도시락 케이크 만들기 활동

[도시락 케이크 만드는 방법]

❶ 도안을 선대로 자르고 붙여 도시락 상자를 완성하고 윗면에 친구에게 하고 싶은 말을 써요.
❷ 일회용 국그릇 용기에 간식을 담고 조심스럽게 뒤집으면서 상자 안에 용기째 넣어요.

❸ 용기의 바닥면(뒤집었으므로 바닥면이 위쪽을 향함)과 옆면을 케이크처럼 장식해요.

축하하고 감사하는 마음 나누기

어린 시절 생일날 친구들 모두를 초대해서 생일 파티한 기억이 아직도 선명히 날 정도로 정말 좋았던 것 같아요. 모두에게 축하받는 경험은 학생의 자존감을 높일 수 있어요. 자존감이 높은 학생들은 다른 사람에 대한 태도도 긍정적이기 마련이죠. 특수학급에서 생일을 맞이한 친구들에게 축하하고 케이크를 나누어 먹는 활동은 다른 사람에 대한 긍정적인 정서를 함양하는 데에 도움이 될 거예요. 또한 통합학급 친구들을 초대해서 함께 케이크를 나누어 먹고 좋은 말을 나누도록 하면 통합 교육 측면에서도 도움이 되겠죠?

수업 의도 실제 생일인 학생을 위한 생일 축하 파티를 열고 서로 축하와 감사를 나누도록 해요.

활동 방법 ❶ 곧 생일인 학생이 있어 생일 축하 파티를 할 것이라고 안내해요.

❷ 생일 축하 파티 날에 케이크에 초를 꽂아 불을 붙이고 생일 축하 노래를 불러요.

▲ 학급 생일파티

❸ 케이크를 어떻게 나누면 좋을지 각자 의견을 말해요.

❹ 모두가 동의하는 방법에 따라 케이크를 나누어 먹어요.

> **장점** 모든 학생이 한 번씩 자신의 생일을 친구들에게 축하받으며 기분 좋게 나눔을 실천할 수 있어요.

스캐터볼 밴드로 배려 실천하기

체육활동에서도 배려를 경험할 수 있는 다양한 활동을 할 수 있어요. 스캐터볼 밴드는 뉴스포츠 도구로 색깔이 표시된 주사위 모양의 공과 밴드예요. 몸으로 다른 사람을 배려하는 태도를 익히면 일상생활에서도 다른 사람을 배려할 수 있는 학생이 될 거예요.

> **수업 의도** 배려하는 체육활동을 통해 나눔을 실천할 수 있도록 해요. 다른 사람에 관심을 갖고 필요한 것을 채워주는 방법을 생각해 볼 수 있도록 해요.

> **활동 방법**
> ❶ 여러 색의 스캐터볼 밴드를 바닥에 깔아두어요.
> ❷ 학생별로 색깔을 정해 스캐터볼 밴드를 팔에 끼워요.
> ❸ 자유롭게 움직이다가 한 번에 한 사람씩 차례대로 스캐터볼을 던지고 그 자리에 멈춰요.
> ❹ 스캐터볼의 색깔을 보고 같은 색 밴드가 가까이 있는 학생이 해당 색깔 밴드를 찬 학생에게 그 자리에서 건네주어요.
> ❺ 학생들이 바닥에 있는 밴드를 모두 팔에 끼우면 성공이에요.

> **장점** 놀이를 통해 배려를 경험할 수 있어요. 다른 사람이 어떤 것이 필요한지 생각하며 다른 사람의 입장에서 생각하는 태도를 가질 수 있어요.

▲ 스캐터볼 밴드 착용 사진

특수교사의 특별한 TIP

수학 수업에도 적용할 수 있어요.

나눔은 얼핏 따뜻한 마음만 있으면 될 것 같지만 셈을 위한 수리 능력도 필요해요. 성격에 따라 내 것을 다른 사람과는 나누지 않으려는 학생도 있지만 내가 손해를 감수하면서 다른 사람에게 헌신하는 학생도 있어요. 둘 다 자신에게 도움이 되지 않기에 내 것을 챙기면서 다른 사람에게도 나누어 줄 수 있어야 해요. 일정하게 나눈다는 점에서 나눗셈, 분수 단원과 연계하여 지도할 수 있어요.

▶ 나눗셈 지도하기

- 간식을 사람 수대로 나눈 후 식 세우기

▶ 분수 지도하기

- 제시된 분수를 보고 알맞은 양만큼 그림 붙이기
- 2등분, 3등분, 4등분으로 나눈 케이크로 분수만큼 나타내보기(예: 1/8, 3/5)
- N 등분을 스스로 정하고 나눈 모습을 그림 또는 사진으로 표현하기

 **릴레이 수업**

우리가 케이크를 먹는 방법

《우리가 케이크를 먹는 방법》책으로 릴레이 수업 나눔을 실시했어요.

첫 번째 수업은 생활 속에서 나눔을 실천하는 방법을 알아보았어요.

두 번째 수업은 다른 사람들과 나눌 수 있는 여러 가지 방법을 생각하고 직접 나누어 보았어요.

세 번째 수업은 음악 수업에 적용하여 나눔을 실천했어요.

첫 번째 수업
- **활동 ①** 융판에 케이크 조각 붙이며 그림책 읽기
- **활동 ②** 친구에게 배려해야 하는 생활 속 문제를 마인드맵으로 정리하기
- **활동 ③** 배려가 필요한 상황에서 친구와 나눌 수 있는 방법에 관해 이야기 나누기

세 번째 수업
- **활동 ①** 움직임과 음향 효과를 넣은 그림책 내용을 함께 감상하기
- **활동 ②**
  - 그림책 장면을 보고 오르프 악기로 다양하게 소리내기
  - 악기로 케이크 만들기 (케이크–게더링드럼), (초–붐웨커)
- **활동 ③** 게더링 드럼을 붐웨커로 두드리며 '우리 모두 다 함께' 노래 부르기

두 번째 수업
- **활동 ①** 인물의 마음을 상상하며 그림책 읽기
- **활동 ②** 수박을 여럿이 나누어 먹기에 적절한 방법을 그림책에서 고르기
- **활동 ③** 수박을 나누는 방법을 선택해 친구들과 나누어 먹기

> **참고** 수업 나눔 일지(릴레이 수업)

《우리가 케이크를 먹는 방법》으로 릴레이 수업 나눔을 실시했어요.

첫 번째 수업으로는 생활 속에서 나눔을 실천하는 방법을 알아보는 활동을 했어요. 학생들이 다른 사람과 나누기 어려운 것에 대해 시각 자료를 보며 이야기 나누고 어떻게 하면 배려하며 나눌 수 있는지 방법을 생각해요.

활동내용	
	활동 1 – 더빙 녹음된 그림책을 인물의 마음을 상상하며 듣기 – 그림책의 한 장면(케이크를 나눠 먹는 장면)을 융판으로 제시하고 5명에게 똑같이 나눠서 붙이기
	활동 2 – 재미나 감동을 느낀 부분 찾아 이야기 나누기 – 마인드맵으로 친구에게 배려해야 하는 생활 속 문제 써보기
	활동 3 – 배려가 필요한 상황(하나씩 있는 것, 동시에 같이 할 수 없는 것)에서 어떻게 친구와 나누어야 하는지 이야기 나누기 – 이야기 나눈 방법을 생각하며 활동지 해결하기

두 번째 수업으로는 개수대로 딱 나눌 수 없는 것들을 나누어 보는 활동을 했어요. 다른 사람들과 나눌 수 있는 여러 가지 방법을 생각해보고 나누는 방법을 선택할 수 있어요. 실제로 내가 선택한 나눔 방법을 활용해 음식을 나누어 먹어보면서 나눔을 실천해요.

활동내용	
	활동 1 – 인물의 마음을 상상하며 그림책 읽기 – 그림책에 등장한 사물의 원래 모습과 사물이 고르게 나누어진 그림을 짝짓기
	활동 2 – '수박'을 나누기 적절한 방법을 그림책에서 고르기
	활동 3 – 수박을 나누는 방법을 선택해 그 방법으로 친구들과 나누어 먹기

세 번째 수업으로는 음악을 활용한 수업을 구성하였어요. 악기로 케이크를 만들어 '후~'불어보아요.

노랫말에 어울리는 신체 표현을 하며 함께 같은 악기를 연주해 보면서 협력하고 배려하는 경험을 할 수 있도록 했어요.

활동내용	**활동 1** – 움직이는 그림책 함께 보고 듣기
	활동 2 – 그림책 장면을 오르프 악기로 다양하게 소리내기 – 케이크를 악기로 만들어보기 (케이크–게더링드럼), (초–붐웨커)
	활동 3 – '우리 모두 다 함께' 노래 듣기 – 한 명씩 나와서 '우리 모두 다 함께' 게더링 드럼 위에 붐웨커를 두드리며 노래 부르기 – 우리가 연주할 때 지켜야 할 점 알아보기 – 우리 모두 다 함께하면 좋은 점 발표하기

memo

마음 통(通)

1. 오늘 내 기분은
2. 짧은 귀 토끼
3. 샤를의 기적

감정, 기분, 마음은 모두 인간의 정서와 관련된 말이지만, 각각 다른 의미가 있어요. 이 책에서 감정은 특정 상황에서 일시적으로 느끼는 정서적 상태, 기분은 일상적으로 느끼는 정서적 상태, 마음은 감정과 기분을 포함한 우리 내면의 상태로 정의해요.

그중 마음 통통에서는 특정 상황에 대해 느끼는 감정에 중점을 두었어요. 학생들은 자신 또는 친구와의 관계에서 발생하는 특정 일에 대해 다양한 감정을 느끼기 때문이에요. 그림책을 활용하여 다양한 감정 단어와 감정을 표현하는 방법을 배워 나의 마음을 바르게 표현하고, 나아가 너(상대방)의 마음까지 이해하도록 확장하여 지도해요.

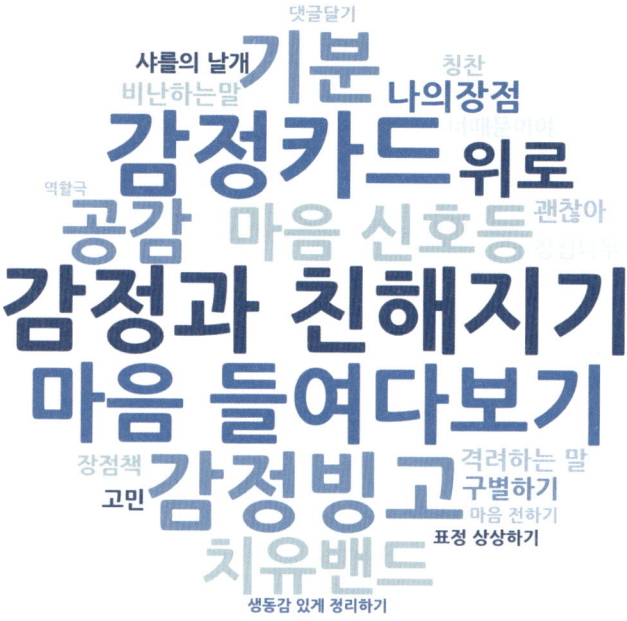

그림책 릴레이 수업 나눔에서 자주 활용되는 감정, 기분을 포함하는 주제는 '마음'이에요. 특수교육 대상 학생 눈높이에 맞춰 마음을 알아차리고 상대방과 감정적 교류를 통해 소통하는 것은 특수교육 대상 학생이 가정을 넘어 학교, 사회에서 살아가는 데 무엇보다 중요해요. 마음 통통의 수업 나눔 활동은 한 권의 그림책으로 나와 너(친구, 상대방)를 위한 마음 알기를 중점으로 다양한 사례(학년, 수준, 개개인의 요구)를 나눌 수 있다는 강점이 있어요. 또한, 감정을 주제로 한 그림책 수업 나눔을 통해 외부 자극에 대해 주관적으로 인식하고 표현할 수 있도록 감정을 분류하고, 함께 감정을 나누며 공감하는 법을 익혀요. 릴레이 수업 나눔으로 다양한 수업사례를 보고 익히며 수업 전문성을 함양할 뿐만 아니라 각 교실에서의 생활지도 사례를 나누어요. 이를 통해 학생들이 자신의 마음을 다채로운 빛깔로 채우는 꿈 꾸는 교실 운영에 한발 다가가요.

오늘 내 기분은
메리앤 코카–레플러 글·그림
키즈엠

내 감정이 궁금해요

동생이 생긴 테오는 내 감정이 어떤지 곰곰이 생각해 봤어요.
자신의 감정을 어떻게 표현하면 좋을까요?

"우리는 하루 동안 여러 가지 감정을 경험해요. 그 감정을 주변 사람들과 함께 나누고 공감하며 살아가지요. 이처럼 감정을 표현하는 것은 내 마음을 이해하는 것을 넘어서 사람들과 어울려 살아가는 데도 꼭 필요해요. 다양한 상황에 어울리는 감정 단어들을 알고 표현하는 활동과 다른 사람의 감정에 공감하는 활동을 통하여 학생들이 일상생활 속에서 상황과 맥락에 맞는 감정을 표현할 수 있도록 수업을 디자인해요."

동기유발

친구들의 사진을 보며 누가 무엇을 하고 있는지 이야기 나누어요. 그때의 기억을 떠올리며 사진 속 친구들의 표정을 살펴보아요.

여러 가지 감정 노래를 들으며 오늘은 어떤 감정에 대해 배울지 생각해요. 이때 영상 속 감정이 드러난 표정과 행동을 집중해서 보아요.

여러 가지 감정이 나오는 애니메이션의 일부분을 보며 어떤 감정을 표현한 것일지 생각해 보고, 그 감정이 드러난 표정을 살펴보아요.

표정 자석을 이용하여 다양한 표정을 만들어 보아요. 친구들이 어떤 표정을 만들었는지 살펴보고 만든 표정에 어떤 감정 이름을 붙여줄지 생각해 보아요.

 여러 가지 감정을 알아보아요

일상생활 속에서 사람들과 관계를 형성하기 위해서는 자신의 감정을 인식하고 바르게 표현하는 능력이 필요해요. 학생들도 친구들과 관계를 맺기 위해서는 감정이란 무엇인지 이해하고 느껴보는 경험이 필요하지요.

따라서 학교에서는 다양한 활동을 통하여 감정에 대한 경험을 키워주어야 하며, 그중 여러 가지 감정에 대해 알아보는 것이 감정 수업의 시작점이라고 할 수 있어요.

감정을 주제로 수업을 준비할 때면 어떻게 하면 학생들에게 '감정'이라는 단어를 쉽게 이야기해 줄 수 있을까 고민하게 돼요. '행복함, 두려움, 당황스러움'과 같은 감정들은 눈에 보이지 않아 어렵게 느껴질 수 있기 때문이에요.

그래서 학생들이 감정과 가까워질 수 있도록 학생들과 관련된 이야기를 예시로 활용하여 여러 가지 감정을 알아보고, 그 감정이 드러나도록 표정을 만들어 보며 표정들의 특징을 살펴보아요. 그리고 그림책 장면에 대한 감정 카드를 붙여보며 비슷한 감정에 대해 알아보고, 감정 책을 만들며 여러 가지 감정을 정리해 보도록 수업을 구성해요.

감정과 친해지기

학생들이 감정을 쉽게 이해하고 친해질 수 있도록 **학생들의 경험을 감정 수업에 활용해요.** 오늘 학교나 집에서 무엇을 했는지에 대해 학생들에게 직접 듣기도 하고 통합학급 교사와 보호자에게 전해 듣기도 하지요.

또한 학생이 웃을 때, 화를 낼 때, 슬플 때와같이 감정이 확실하게 드러나는 모습을 보일 때 사진을 찍어놓아요. 이렇게 보고 들은 경험들은 감정 수업을 할 때 학생들의 이해를 돕기 위한 자료로 사용해요.

그림책 수업을 할 때 제일 먼저 학생들과 함께 책 표지를 보며 내용을 상상해요. 표지에 관해 이야기하다 보면 학생이 요즘 어떤 것에 관심이 있는지, 무슨 생각을 하고 있는지 알 수 있어요.

표지에 관해 이야기를 나눈 후 등장인물들의 상황과 표정을 살펴보며 그림책을 함께 읽어요. 그림책을 다 읽으면 다시 첫 장으로 돌아가 한 장씩 천천히 읽어보며 학생들에게 그림책 속 장면과 비슷한 경험을 한 적이 있는지 물어보아요. 학생들은 "나도 길을 잃을 뻔한 적이 있어.", "우리 집에도 강아지가 있어."와 같이 그림책 장면과 비슷한 경험에 대해 말하며 등장인물과의 공통점을 찾기도 하고, "나는 자전거는 못 타는데 킥보드는 탈 수 있어.", "나는 여동생은 없고 남동생이 있어."라고 말하며 차이점을 찾기도 해요.

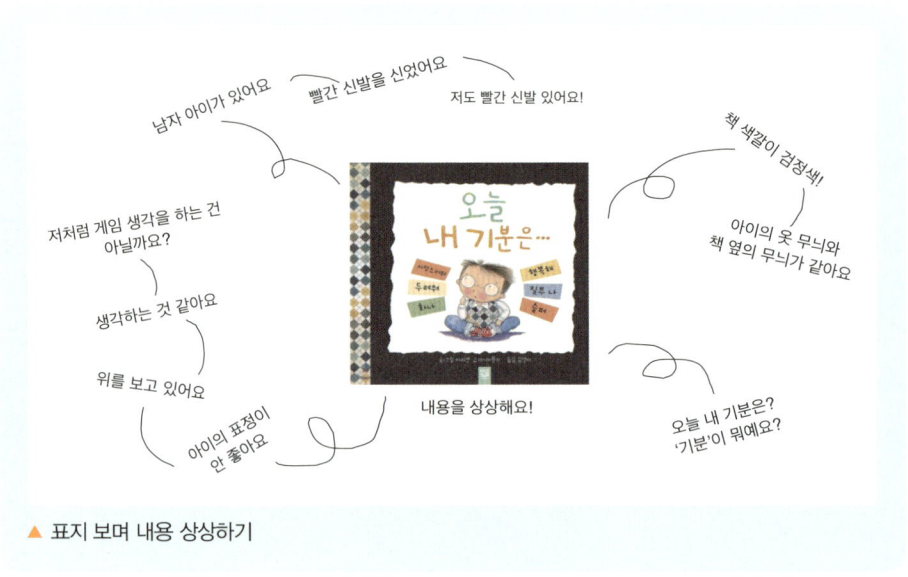

▲ 표지 보며 내용 상상하기

이렇게 학생들은 자연스레 자신의 이야기를 하며 책 내용뿐만 아니라 등장인물들의 마음도 이해하기 시작해요. 자신의 경험 이야기를 어려워하는 학생들을 위하여 교사는 앞서 보고 들었던 학생의 경험을 이야기해 주며 수업에 관심을 가지고 참여하도록 지도해요.

다양한 표정 만들어 보기

자신의 경험을 이야기하며 그림책 속 내용을 이해하고 등장인물들의 마음을 조금이나마 느껴보았다면 이제 '감정'에 대해 알아보아요. 우리가 느끼는 감정에는 '기쁨, 행복함, 즐거움, 신남'과 같은 긍정적인 감정도 있고 '화남, 괴로움, 두려움'과 같은 부정적인 감정도 있어요. 어떻게 설명하면 학생들이 긍정과 부정의 감정을 쉽게 이해할 수 있을까요?

학생들에게 긍정과 부정의 감정을 나누어서 설명하기 전에 먼저 기쁨, 슬픔, 화남과 같이 표정이 확실하게 드러나는 그림판을 이용하여 각각의 표정들을 살펴보아요. 웃을 때 입가가 올라가는 모습, 화났을 때 인상을 찡그리며 노려보는 모습, 슬플 때 눈꼬리가 아래로 내려가며 눈물이 고이는 모습과 같이 표정들의 특징을 살펴보며 비교해요.

▲ 표정이 드러나는 그림판

그리고 표정 자석이나 눈코입 스티커, 표정 만들기 자료 등을 활용하여 그림판 속 표정들과 비슷하게 만들어 보아요. 교사는 학생들이 만든 표정을 보며 "어떤 표정을 만들었나요?"라고 질문

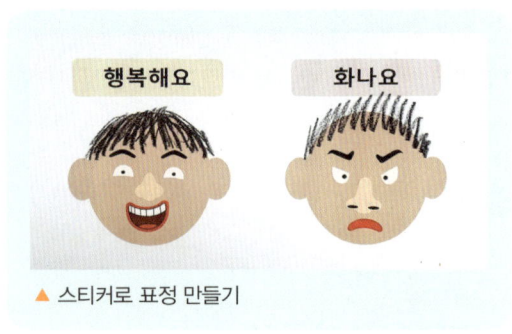
▲ 스티커로 표정 만들기

해요. 질문을 들은 많은 학생들은 슬프거나 화내는 표정은 '슬퍼요.', '화나요.'라고 말하지만 웃는 표정은 '좋아요.' 한 단어로 표현해요. '행복해요.', '신나요.' 등 웃는 표정에 어울리는 감정 단어들을 더 알게 된다면 내 감정을 표현하고 다른 사람의 감정을 이해하는 데 도움이 될 거예요.

장면에 어울리는 여러 가지 감정 카드 붙이기

확실하게 드러나는 감정에 대한 표정들을 알아보았다면 이번엔 비슷한 감정들에 대해 알아볼 거예요. 학생들이 쉽게 이해하도록 감정 카드를 단순히 웃는 표정과 그렇지 않은 표정들로 나누고 감정 이름을 읽어요.

그리고 학생들에게 "갖고 싶은 장난감을 선물 받았을 때, 맛있는 음식을 먹었을 때와 같이 기분이 좋을 때 어떤 표정을 짓나요? 표정 판에서 골라볼까요?"라고 질문

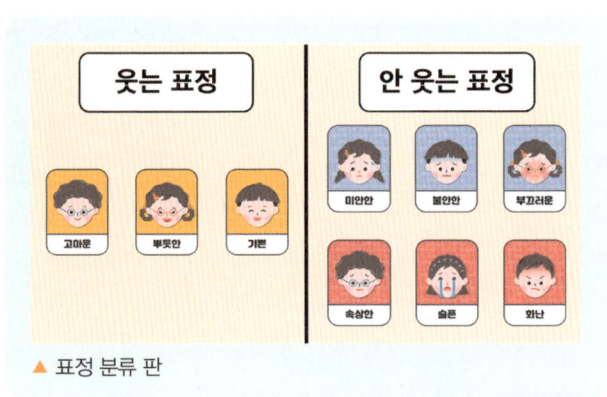
▲ 표정 분류 판

해요. 질문을 들은 학생들은 '기쁨, 행복함, 즐거움'과 같은 긍정의 감정 카드들을 선택해요. 반대로 학생들에게 "엄마에게 혼났을 때, 소중한 물건을 잃어버렸을 때 어떤 표정을 짓나요? 표정 판에서 골라볼까요?"라고 질문하면 학생들은 '화남, 슬픔, 속상함, 무서움'과 같은 부정의 감정 카드들을 선택하지요.

이때 친구들이 어떤 감정 카드를 선택했는지 살펴보며 감정의 이름을 읽어보아요. 이 과정을 통하여 학생들은 하나의 상황에서 여러 가지 비슷한 감정 단어들을 사용할 수 있다는 것을 조금씩 이해하게 되지요.

표정 분류 판을 통하여 여러 가지 감정을 알아보았다면 이번에는 **등장인물들이 처한 상황에 따른 감정을 살펴볼 거예요.** 자전거를 선물 받은 친구의 표정, 강아지를 잃어버린 친구의 표정 등 그림책 속 6가지 상황에 대한 표정들을 잘 살펴보며 비슷한 표정의 감정 카드들을 표정 분류 판에서 떼어 그림책에 붙여요. 학생들은 그림책을 통하여 다시 한번 상황에 어울리는 비슷한 감정들을 반복해서 익혀 나가지요.

▲ 그림책 장면에 알맞은 감정 카드 붙이기 - 예시 그림

여러 가지 감정 단어를 넣어 감정 책 만들기

이번에는 앞서 배운 여러 가지 감정을 학생들이 체득할 수 있도록 정리하는 시간을 가질 거예요. 학생들이 언제든 상황에 어울리는 감정을 찾아보고 기억을 떠올릴 수 있도록 감정들을 모아 놓은 책을 만들어요. 감정 책에는 그림책 장면, 장면과 관련된 감정 단어 카드, 자신의 경험에 대한 그림이나 사진을 넣어요. 나아가 감정 단어에 어울리는 색깔을 넣어 학생들이 색깔에 대한 이미지를 떠올려 감정을 더욱 구체적으로 이해하고 표현하도록 감정 책을 구성해요.

감정 책 만들기 첫 번째 단계로, **그림책 상황과 감정 단어를 연결**해요. 그림책 속 6개의 감정 단어인 '행복함, 질투, 슬픔, 두려움, 화남, 자랑스러움'에 대한 그림을 찾아보고 어떤 상황에서 어떤 감정 단어를 사용했는지 다시 한번 생각해 보아요. 그리고 감정 단어별로 그림책 장면을 넣어 감정 책의 한 부분을 채워요.

감정 책 만들기 두 번째 단계로, **감정의 색깔**에 대해 알아보아요. 학생들이 처음에는 감정에 대한 색깔을 떠올리는 걸 어려워해요. 따라서 학생들이 조금 쉽게 생각하도록 교사는 다양한 예시를 들어주고, 특정 감정에 대한 학생들의 경험을 물어보며 점점 색깔과 감정을 연결할 수 있도록 지도해요.

예를 들어, '행복함'이라는 감정에 대해 교사는 "선생님은 햇빛을 보며 산책할 때 행복함을 느껴요. 그래서 '행복'을 떠올리면 햇빛의 노란색이 생각나요."와 같이 이야기해요. 교사의 예시를 들은 학생들은 서로의 이야기를 시작하지요. 이렇게 학생들은 감정에 대한 다양한 경험을 말하며 감정 카드에 색칠하고 그에 대한 경험을 그려 감정 책을 완성해요.

감정 책을 만들 때, 한 학생이 "저는 강당에서 에스보드를 탈 때 행복해요. 행복의 색깔은 강당의 색깔인 주황색으로 할래요."라고 이야기하며 '행복'의 색깔을 정하고 관련된 경험을 그렸어요. 다른 학생은 '슬픔'의 감정을 검은색으로 표현하고 "검정 강아지를 잃어버렸을 때 울었어요. 슬픔은 검은색이에요."라고 이야기하며 감정 책을 만들었어요.

▲ 감정을 색깔로 나타내기

자신이 경험한 일을 그림으로 그리기 어려운 학생들은 교사가 미리 찍어둔 학생들의 사진으로 감정 책을 만들어도 좋아요. 학생들과 함께 사진을 보며 어떤 상황인지 이야기 나누고 그때의 경험과 감정을 떠올려 보아요. 감정 책을 열어 사진을 보았을 때 그때의 감정이 다시 생각날 거예요.

또한 하나의 경험에 대해 여러 가지 감정이 들었다면 감정 단어 카드를 여러 개 만들어도 좋아요. 감정 단어 카드를 만들 때 카드에 색칠하지 않고 여러 가지 포스트잇 색깔 중 감정에 어울리는 색깔을 골라 감정 단어 카드를 만들어도 좋지요.

▲ 사진으로 감정 책 만들기

감정 책 만들기 세 번째 단계로, **표지와 바코드를 붙여요.** 서점이나 도서관에 있는 책들처럼 학생들이 만든 감정 책에 바코드를 붙여주면 진짜 책을 만든 것처럼 신기해하는 학생도 있고 책꽂이에 꽂아놓고 매일매일 펼쳐보는 학생도 있어요. 감정 책 만들기를 통하여 감정들을 정리해 보는 것뿐만 아니라 완성된 결과물을 보며 성취감을 느끼고 뿌듯함, 신기함, 자랑스러움과 같은 다양한 긍정의 감정을 느낄 수 있지요.

▲ 감정 책 앞   ▲ 감정 책 뒤

 나와 친구의 마음을 들여다보아요

선생님이 오늘 기분이 어떤지 물어보았을 때 주인공은 모른다고 대답해요. 참 이상하지요? 내 감정이 어떤지 누구보다 내가 가장 잘 알 것 같은데 왜 잘 모를까요?

영화 '인사이드 아웃'에서 힌트를 찾아볼게요. 영화에는 주인공 머릿속에 존재하는 '기쁨, 슬픔, 분노, 짜증, 두려움' 다섯 감정이 등장하고, 이들 각각은 수천 개의 감정 입자로 이루어진 에너지를 상징하는 캐릭터로 표현되었어요. 그것은 '기쁨이' 안에는 단순히 '기쁨' 하나의 감정만 있는 것이 아니라, 즐거운, 신나는, 행복한, 고마운, 설레는, 뿌듯한 등의 다양한 감정이 포함되어 있다는 것이고, '분노'의 감정 안에도 화난, 답답한, 미워하는, 무시하는 등의 다양한 감정이 존재한다는 의미예요. 겉으로 드러나는 것은 다섯 감정이 대표적이라 할 수 있지만, 그 안을 들여다보면 훨씬 다양한 감정이 있어요. 주인공도 마음속에서 여러 가지 감정을 느껴서 그 중 어느 하나라고 말하기 어려웠을 거예요.

우리 학생들도 기분이 어떤지 물어보면 대부분 모른다고 하거나 "좋아요." 혹은 "싫어요."라고 단순하게 말하는 경우가 많아요. 좋으면 어떤 것이 좋고, 싫으면 어떤 것이 싫은지 다시 물어보아도 똑같은 대답이 돌아오곤 해요.

앞에서 감정 단어를 배웠다고 해서 학생이 상황을 알아차리고 적절한 감정 단어를 사용해서 자기 마음을 표현하기란 쉬운 일이 아니에요. 우리 학생에게는 비슷한 상황을 제시하고 이럴 땐 어떻게 하는 것인지 묻고 답하는 반복 학습이 정말 중요해요.

학생에게 제시하는 상황은 학생 생활과 맞닿아 있어 친숙한 것일수록 좋아요.

학생들이 감정 단어를 사용해서 나와 친구의 마음을 어떻게 들여다볼 수 있을지 같이 살펴보아요.

책 표지에 내 얼굴 넣어 꾸미기

먼저 입술 책을 만들고 책 표지에 내 얼굴을 넣어 꾸미는 활동을 해요. 책 표지를 스캔하고 주인공의 얼굴 대신 학생들 얼굴 사진을 넣은 후 책 제목도 「오늘 '○○' 이의 기분은」으로 바꿔요. 그리고 나서 자신의 기분에 맞는 표정을 그리고, 표정에 맞는 감정 단어를 쓰고 나서 내가 어떤 기분인지 이야기를 해보아요.

▲ 책 표지 꾸미기

책 표지에 내 얼굴을 넣는 활동은 학생들이 각자 자신이 주인공이 된 기분을 느낄 수 있어 좋아하는 활동이에요. 책 표지에 내 얼굴이 있어서 '나'에게 집중하는 데 도움이 되지요.

입술 책을 활용하면 코와 입이 이미 만들어져 있어서 학생들은 눈만 그려 넣으면 되고, 눈 모양만 달라져도 표정이 달라지는 것을 직관적으로 볼 수 있어요.

- 책 크기를 어느 정도로 할지 정해야 학생 얼굴 사진과 이름 스티커(이름 쓰기 어려운 학생을 위한)의 크기가 정해지기 때문에 미리 만들어보는 것이 좋아요.
- 책 표지 느낌이 나도록 120g 이상의 백상지에 출력해서 사용해 보세요.

▲ 책 표지에 내 얼굴 넣어 꾸미기

책 표지 꾸미기를 할 때 학생 사진을 이용하면 학생들 대부분이 자기 얼굴은 잘 찾아낼 수 있어요.
여러 얼굴 중에서 자기 얼굴 사진을 고른 후, 곡선 가위질이 가능한 학생은 스스로 얼굴선을 따라 오리도록 하고, 곡선 가위질이 어려운 학생은 얼굴선에서 2mm 정도 바깥에 짧은 직선들을 연결하여 그려주고 선을 따라 오리도록 해요.
가위질이 서툰 학생은 2인용 가위를 이용하거나 교사가 함께 일반가위 손잡이를 잡고 오리는 것을 도와줄 수 있어요.
잡기나 쥐기가 어려운 학생은 라벨지에 학생의 사진을 인쇄하여 스티커로 만들어 붙일 수도 있어요.

'○○이의 기분은'에 들어가는 학생의 이름을 쓰도록 하는 데 스스로 쓸 수 있는 학생은 스스로 쓰고, 덧쓰기가 가능한 학생은 연한 색으로 미리 이름을 써주고 이것을 덧쓰도록 해요. 앞의 방법으로 활동에 참여가 어려운 학생은 이름 스티커를 미리 만들어 두었다가 제공하여 학생이 붙이도록 할 수 있어요. 책 표지에 내 얼굴 넣고 이름 쓰는 간단한 활동이지만 학생마다 할 수 있는 부분과 도움이 필요한 부분이 달라서 학생별, 수준별로 준비할 필요가 있어요.

내 모습 보고 어울리는 감정 연결 짓기

새 학기가 시작하면 컴퓨터 바탕화면에 '우리 반 사진' 폴더를 만들고 평소 학생들의 일상 모습을 사진이나 영상으로 담아 보세요. 수업에 집중하는 모습, 친구가 가지고 놀고 있는 장난감을 그냥 가져가는 모습, 급식실에서 밥 먹는 모습, 놀이터에서 그네 타는 모습 등 학생 저마다의 모습이 골고루 담기면 좋아요. '우리 반 사진' 폴더에 사진이 많아질수록 그만큼 수업에 활용할 수 있는 좋은 자료가 쌓이게 돼요. 이러한 사진과 영상들은 학생의 생활과 맞닿아 있어 사진 속 '나'를 보면서 더욱더 수업에 집중하게 돼요.

> **대화 예시**
>
> **사진 속의 내가 그네를 타고 있어요**
>
> 교사: 무엇을 하고 있나요?
> 학생 1: 그네 타요.
> 학생 2: (부정확 발음으로 말하거나 말이 없이) 그네 타는 사진을 가리키며 환하게 웃어 보이기
> 교사: 이때 내 기분은 어땠나요?
> 학생 1: 신나요, 즐거워요, 행복해요.
> 학생 2: (교사가)○○아, 이 사진 속의 너는 행복해.

이렇게 학생 자신이 직접 겪은 상황을 보여주는 사진을 활용하면 '내가 이것을 할 때는 이런 기분이구나.'를 알아차릴 수 있어서 좋아요.

학생에 따라서는 "새 장난감을 선물 받아서 행복한 ○○처럼 그네를 타는 너도 행복해 보여."라는 말보다 "그네 탈 때는 행복해."라고 단순 명료하게 말해주는 것이 좋을 때도 있어요. 학생의 특성상 많은 정보를 한꺼번에 처리하기가 어려운 학

생은 장황한 설명보다 '○○는 ○○○다.'의 한 문장이나 핵심 단어만 말해주는 게 필요해요.

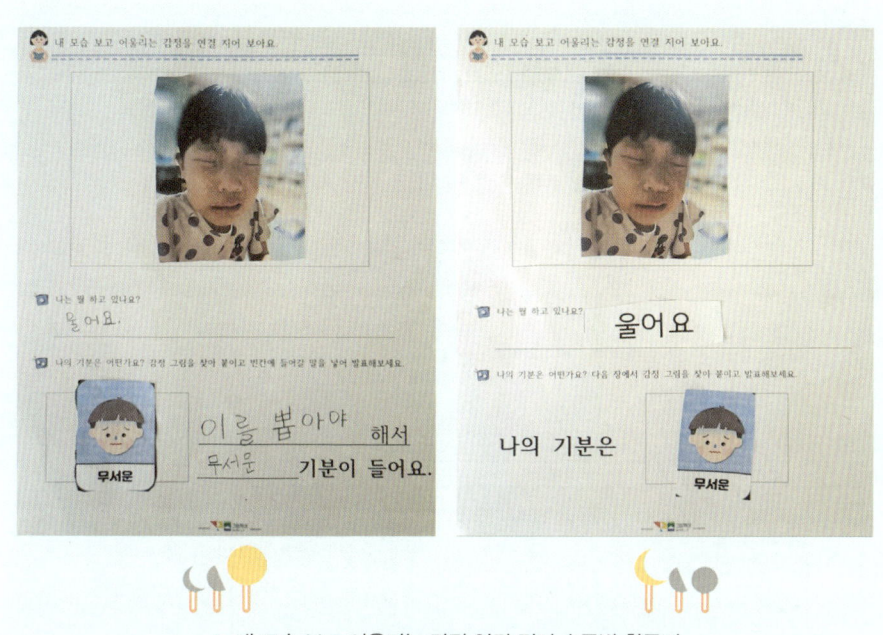

▲ 내 모습 보고 어울리는 감정 연결 짓기 수준별 활동지

여기서 잠깐!

특수학급은 같은 시간에 여러 학년의 학생들이 함께 공부하는 경우가 대부분이에요. 각기 다른 학년의 학생들을 어떻게 지도하고 있나요? 일반학급과 비교하면 학생 수는 현저히 적지만 학생들의 장애 유형이나 정도, 특성, 하물며 같은 학년이어도 학습 수준에서 차이가 나기도 해요.

그림책을 활용한 국어 수업을 계획했다면 학기 초 우리 반 학생이 속한 학년군의 성취 기준을 분석하고 서로 다른 학년 군이지만 같은 맥락의 성취 기준을 조합하는 교육과정 재구성을 통해 숲을 그려요. 계획대로 되지 않더라도 큰 숲 안에서 작은 나무들은 다시 심을 수 있으니 융통성 있게 운영할 수 있어요.

《오늘 내 기분은》 책은 2학년 교과서에 수록되어 있기도 해요. 글밥이 많은 책을 읽고 내용 파악하기가 어려운 우리 학생들에게는 이 그림책을 학습 매체로 하여 각 학년군의 성취 기준을 연계하여 다 학년 학생들을 지도할 수 있어요.

국어 1–2학년군 '자신의 감정을 표현하며 대화를 나눈다.', 3–4학년군 '적절한 표정, 몸짓, 말투로 말한다.', 5–6학년군 '상대가 처한 상황을 이해하고 공감하며 듣는 태도를 지닌다.'의 성취 기준에서 공통의 학습 요소를 추출한다면 가능해요.

[2학년]

구분 월	단원/교육목표	교육내용	평가준거
3월	[온책읽기] 근사한 우리 가족 (1) 시를 즐겨요 (2) 자신 있게 말해요 - 나와 가족을 다양하게 표현해 보고 발표할 수 있다.	- 나와 나의 가족 표현해 보기 - 여러 사람 앞에서 나와 나의 가족 소개하는 글쓰기 - 나와 나의 가족 소개 발표하기 - 그림책과 관련된 가족 특징 연결하기 - 가족의 특징이 들어가는 시 써 보기 - 시 낭송하기 •오리야 놀자 있니 동시 한글 학습	•평가방법: 관찰 및 개별학습 누가 기록 •평가중점 - 나의 모습과 나의 가족을 자신감 있게 소개할 수 있는가? - 가족의 특징이 들어가는 글자를 찾아 쓸 수 있는가? - 시를 낭송할 수 있는가?
4월	[온책읽기] 우산 대신 ○○ (3) 마음을 나누어요 - 인물의 마음을 간단한 단어로 표현하여 말할 수 있다. (4) 말놀이를 해요 - 다양한 말놀이에 참여할 수 있다.	- 마음을 나타내는 말 알기 - 그림책 속 인물의 마음과 그림 연결하기 - 다양한 상황에서 나타나는 나의 경험 떠올려 표현하기 - 끝말잇기 놀이하기 - 꽁지따기 놀이하기 - 주변의 여러 가지 낱말을 찾아 말놀이 하기(시장 꾸미기)	•평가방법: 관찰 및 개별학습 누가 기록 •평가중점 - 마음을 나타내는 말과 그림을 연결할 수 있는가? - 다양한 상황에서 나의 경험을 마음으로 표현할 수 있는가? - 다양한 말놀이에 관심을 갖고 참여할 수 있는가?

[3학년]

구분 월	단원/교육목표	교육내용	평가준거
3월	[온책읽기] 근사한 우리 가족 (1) 재미가 톡톡톡 - 나와 가족에 대해 감각적 표현을 넣어 발표할 수 있다. (2) 문단의 짜임 - 그림책에서 중심 단어를 찾을 수 있다.	- 나와 나의 가족 표현해 보기 - 여러 사람 앞에서 나와 나의 가족 소개하는 글쓰기 - 나와 나의 가족 소개 발표하기 - 그림책과 관련된 가족 특징 연결하기 - 가족의 특징에 대해 감각적 표현을 이용해 말하기 - 중심 단어 찾아보기 •오리야 놀자 있니 동시 한글 학습	•평가방법: 관찰 및 개별학습 누가 기록 •평가중점 - 나의 모습과 나의 가족을 자신감 있게 소개할 수 있는가? - 가족의 특징이 들어가는 감각적인 글을 찾아 쓸 수 있는가? - 중심 단어를 찾아 동그라미 칠 수 있는가?
4월	[온책읽기] 우산 대신 ○○ (5) 중요한 내용을 적어요 - 다양한 단어를 생각하여 말하고 쓸 수 있다. (6) 일이 일어난 까닭 - 책에 일어난 순서를 나열할 수 있다.	- ○○대신 ○○ 단어 찾아보기 - 책에 일이 일어난 순서로 나열하기 - 다음에 일어날 이야기 꾸며보기 - 이런 상황에서 나의 경험 떠올려 표현하기 - 다음에 일어날 일 상상해 그림으로 표현하기 - 나만의 우산 꾸미기 •가지 동시 한글 학습	•평가방법: 관찰 및 개별학습 누가 기록 •평가중점 - 다양한 단어를 생각하여 말하고 쓸 수 있는가? - 책에 일이 일어난 순서대로 나열해 볼 수 있는가?

[6학년]

구분 월	단원/교육목표	교육내용	평가준거
3월	[온책읽기] 근사한 우리 가족 (1) 재미가 톡톡톡 - 비유하는 표현을 써서 시를 쓰고 낭송할 수 있다.	- 나와 나의 가족 표현해 보기 - 여러 사람 앞에서 나와 나의 가족 소개하는 글쓰기 - 가족의 특징에 어떤 비유하는 표현을 썼으며 그 까닭 말해보기 - 비유하는 표현을 써서 시를 써보기 - 친구 앞에서 시 낭송하기 •오리야 놀자 있니 동시 한글 학습	•평가방법: 관찰 및 개별학습 누가 기록 •평가중점 - 가족의 특징에서 비유하는 표현을 찾을 수 있는가? - 비유하는 표현을 써서 시를 쓰고 낭송할 수 있는가?
4월	[온책읽기] 우산 대신 ○○ (2) 이야기를 간추려요 - 그림책의 내용을 간추려 적을 수 있다. (3) 짜임새 있게 구성해요 - 말하기 상황에 맞는 다양한 자료의 특성을 구분할 수 있다.	- 책에 일이 일어난 순서대로 나열하기 - 책의 내용을 간추려 적어보기 - 이런 상황에서 나의 경험 떠올려 표현하기 - 다음에 일어날 일 상상해 문장으로 표현하기 - 비오는 날 있었던 일을 자료로 만들어 보기(우산 꾸미기 등) •가지 동시 한글 학습	•평가방법: 관찰 및 개별학습 누가 기록 •평가중점 - 책의 내용을 간추려 적어보며 다음에 일어날 일을 상상하여 문장으로 표현할 수 있는가? - 비오는 날 있었던 일을 자료로 만들어 영상으로 만들 수 있는가?

친구의 모습을 보며 감정 분류하기

학생들의 모습이 담긴 사진을 일정 크기로 출력해요. 다양한 상황, 다양한 표정이 있는 것이 좋아요. 다섯 감정을 나타낸 그림 또는 단어를 칠판에 붙이고 친구들 얼굴을 살펴보며 이야기를 나눠요. 우리 학생들이 내가 아닌 타인에 대해 더 잘 이해할 수 있도록 사진을 보며 눈으로 관찰할 수 있는 것을 질문하고 대답하도록 해요.

> **대화 예시**
>
> 교사: 밀어주고 있는 친구가 무슨 색 옷을 입고 있나요?
> 학생 1: 파란색.
> 학생 2: 파란색을 입고 있어요.
> 학생 3: (말없이) 초록색 색깔 카드 가리키기
> 교사: 친구가 무엇을 하고 있나요?
> 학생 1: 자동차.
> 학생 2: 자동차 놀이를 해요.
> 학생 3: (행동으로) 자동차를 타는 모습 흉내 내기
> 교사: 자동차 놀이를 하는 친구들 기분은 어떨까요?
> * 여러 감정 단어를 배우고 감정 카드도 여러 번 사용해 보았기 때문에 학생들은 기쁨을 표현하는 감정 단어를 말하거나 '신나는, 즐거운, 행복한, 재미있는'의 감정 카드를 선택할 수 있어요.

▲ 상황 사진과 감정 카드

학생들이 말한 단어나 감정 카드를 '기쁨' 감정에 붙이도록 해요. 친구가 울고 있는 사진, 친구가 화가 나서 소리를 지르고 있는 사진 등을 보면서 위와 같은 방법으로 질문하고 답하며 비슷한 감정끼리 분류를 해보아요. 학생들 사진으로 모든 감정을 알아보기 어렵다면 인터넷에서 무료 이미지를 내려받아서 사용할 수도 있어

요. 그리고 학생들에게 감정 카드를 보여주며 어떤 상황에서 이러한 감정이 드는지, 반대로 제시된 상황에서 어떤 기분이 드는지 감정 카드를 골라보는 것으로 활동을 이어가요.

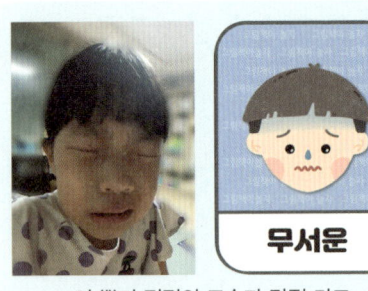

▲ 이 뽑기 직전의 모습과 감정 카드

친구 얼굴 그리기

<나처럼 해봐요, 이렇게> 노래를 부르며 교사의 표정과 같은 표정을 짓고 일정 시간 멈춰 있는 놀이로 이 활동을 시작해요. 거울을 보며 자신이 어떤 표정을 하고 있는지 확인시켜 주고, 교사가 숫자 다섯을 셀 동안 표정을 유지하며 멈추어 있도록 해요. 학생들은 표정을 유지하기가 쉽지 않지만, 노래를 부르며 즐겁게 참여할 거예요. 교사의 표정을 보고 따라 한 후, 학생들끼리 친구의 표정을 보고 따라 해보는 활동을 해요. 학생 한 명을 교실 앞으로 나오게 해서 노래를 부르고 표정을 지어보게 해요. 이때 교사와 같이했던 표정을 짓거나 머뭇거리는 학생이 있으면 표정 막대를 보여주고 같은 표정을 지어보도록 알려줘요.

이 놀이 후에 친구 얼굴 그리기 활동을 해요.

친구 얼굴을 그리기는 두 가지 방법을 사용할 수 있어요. 첫째는 친구의 얼굴 위에 OHP 필름을 대고 네임펜으로 친

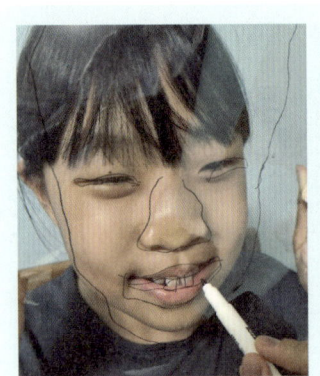

▲ OHP 필름에 친구 얼굴 그리기

구의 표정이 나타나도록 그리는 것이고, 둘째는 친구의 얼굴 사진 위에 OHP 필름을 올려놓고 네임펜으로 따라 그리는 방법이에요. 앞에서 〈나처럼 해봐요, 이렇게〉 놀이를 한 것은 첫 번째 방법으로 얼굴을 그리기 위한 연습이지요.

우리 얼굴은 굴곡이 있는 입체이다 보니 그 위에 OHP 필름을 대고 그리는 것은 평면에서 그림을 그리는 것보다 어려워요. 대상 학생도 표정을 계속 유지하기 쉽지 않아요. 그래서 표정이 드러나도록 눈, 코, 입을 먼저 그리고 얼굴 윤곽과 머리카락을 그리는 것이 좋아요.

OHP 필름이 얼굴에 닿는 것을 싫어하는 학생이 있다면 사진 위에 그리는 두 번째 방법으로 그리도록 해요. 두 번째 방법은 사진이기 때문에 표정이 고정되어 있어서 친구의 표정을 관찰하고 이야기 나누는 시간을 충분히 가질 수 있어서 좋아요. 또한 평면이고, 멈춰 있어서 따라 그리기가 훨씬 수월해요.

학생에 따라서는 그리는 과정이 재미있는 첫 번째 방법을 좋아하기도 해요. 완성된 그림을 보며 모델이 되었던 학생과 그림을 그린 학생에게 어떤 감정을 표현한 건지 물어보고 서로 이야기를 나누며 활동을 마무리해요.

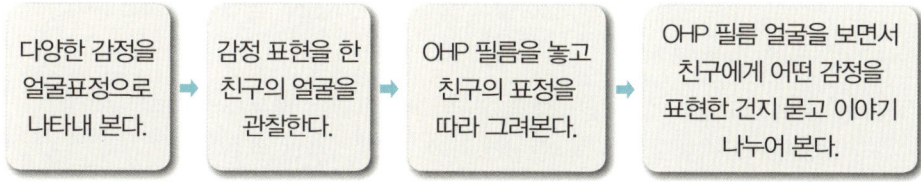

▲ **방법1** 친구 얼굴 위에 OHP 필름을 대고 그리기

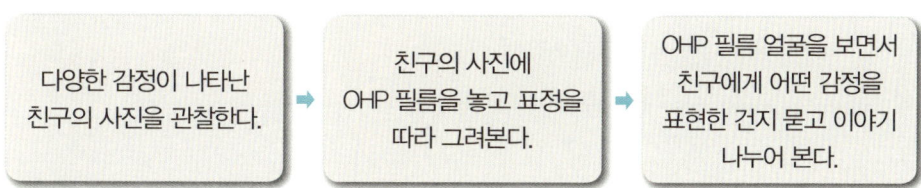

▲ **방법2** 친구 사진 위에 OHP 필름을 대고 그리기

감정 빙고 놀이

학생들이 빙고 놀이를 알고 있으면 여러 방면으로 활용할 수 있어서 좋아요. 다음과 같은 방법으로 빙고 놀이를 지도할 수 있어요.

1. 학생들과 빙고 놀이를 할 때 3×3으로 된 9칸 빙고로 시작해요.
2. 학생들이 알기 쉬운 숫자 1, 2, 3과 색깔 빨강, 파랑, 노랑 그리고 모양 동그라미, 세모, 네모 그림으로 9개의 빈칸을 채워요.
3. 처음에는 빙고 놀이 방법을 익히는 데 초점을 두기 때문에 학생의 빙고 칸을 교사가 채워 줘요.

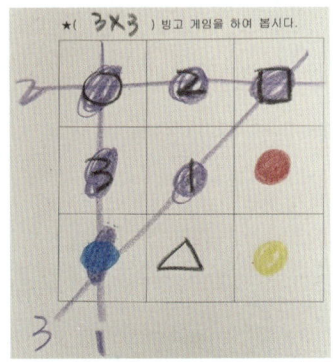

4. 서로의 빙고판이 보이도록 놓고 교사가 먼저 하나를 말하고 교사가 말한 것을 학생이 표시하도록 알려줘요.
5. 다음은 학생이 하나를 말하면서 자신이 말한 것을 빙고판에 표시하도록 알려줘요.
6. 같은 줄에 있는 세 칸이 모두 표시가 되면 선을 그어 빙고 하나가 완성되었음을 알려줘요.
7. 같은 방법으로 반복하여 세 개의 줄이 먼저 완성된 사람이 '빙고'를 외치고 놀이가 끝난다는 것을 알려줘요.
8. 학생이 빙고 놀이 방법을 터득할 때까지 빙고판의 내용은 바꾸지 않는 것이 좋아요.
9. 점차 익숙해지면 학생이 빙고판을 채우고, 서로의 빙고판이 보이지 않게 가리고 하는 단계를 발전시킬 수 있어요.
10. 빙고 놀이에 익숙해지면 숫자 1~9, 동물, 교실에 있는 물건, 과일이나 음식 등으로 빙고판의 내용을 한 번씩 바꿔가며 해보아요.

이렇게 빙고판의 내용이 달라지더라도 놀이 방법은 같다는 것을 알게 되지요.

위와 같은 방법으로 학생이 빙고 놀이 방법을 익혔다면 **우리가 배운 감정 단어, 감정 카드를 이용하여 빙고 놀이를 해요.** 아래 활동지 예시에서 보듯 단어를 읽고 쓸 수 있는 학생(상 수준), 그림을 보고 단어를 따라 쓸 수 있는 학생(중 수준), 그림을 보고 말하거나 가리킬 수 있는 학생(하 수준)의 세 수준으로 나누어 학생의 수준에 맞는 활동지를 제시해요. 처음에는 빙고판의 칸수에 맞게 9가지 감정을 보여주고 칸을 채우도록 해요. 두 번째나 세 번째부터는 감정 단어와 감정 카드 수를 점차 늘려서 친구가 말한 감정이 자신의 빙고판에는 없을 수 있다는 것을 인지하도록 지도해요.

▲ 감정 빙고 놀이 수준별 활동지

나의 감정을 알고, 친구의 표정을 보며 친구가 어떤 기분일지 살피는 것은 우리 학생들에게 꼭 필요하지만 어려운 기술이에요. 어렵다고 포기하기보다는 학생들의 일상생활과 관련된 상황 카드나 사진을 활용하여 다양한 놀이로 배우고 익히고 연습하다 보면 조금씩 발전하는 모습을 보일 거예요. **더디지만 나아가고 있으니**

"○○아, 오늘 기분은 어때?"라고 물어보세요. 그리고 학생들 서로 간에도 "○○아, 오늘 기분은 어때?", "나는 오늘 즐거워."라고 묻고 답하는 기회를 주세요.

 **함께 감정을 나누어요**

내 마음과 친구의 마음을 들여다보았다면 이제는 서로의 감정을 나누어 볼까요?

우리는 다른 사람들과 감정을 나누면서 긍정적인 감정은 강화하고, 부정적인 감정은 조절하며 극복해요. 또한 감정을 나누고 조절하는 능력은 다른 사람들과 더불어 살아가는 데도 꼭 필요하지요. 이렇게 다른 사람들과 감정을 나누기 위해서는 공감과 존중의 마음을 이해하고 느낄 수 있어야 해요. 공감과 존중을 위해서는 먼저 상대방의 말을 경청해야 하지만 자신의 관심사와 관련된 내용이 아니면 경청하기란 쉽지 않아요. 학생들도 마찬가지로 관심이 없는 주제보단 자신이 좋아하는 주제에 더욱 집중하며 바라보지요.

따라서 처음에는 학생들이 감정 나누기에 흥미를 느낄 수 있도록 학생들에게 친숙한 노래를 이용하여 노래 속 감정에 공감해 보는 활동을 해요. 그리고 생활 속에서 할 수 있는 공감의 말을 알아보고 직접 해 보는 연습을 하지요. 마지막으로, 감정 일기를 써보며 친구들과 감정을 나누고, 마음 신호등을 통하여 자신의 감정을 조절하는 활동을 해요.

노래 속 감정에 공감하기

감정 나누기 첫 차시에는 노랫말 속 상황과 감정에 대해 생각해 보고 이야기 나누는 것에 중점을 두기보다는 학생들이 감정 노래에 관심을 가지고 즐겁게 참여하는

것에 중점을 두어요. 따라서 상황과 감정을 생각하며 들어야 하는 노래가 아닌 단순하게 감정들의 이름을 나열한 노래를 선정해서 활동해요.

먼저, 학생들은 노랫말 학습지 속 감정에 알맞은 표정 스티커를 붙여보거나 감정 카드를 선택해 보고 거울을 보며 표정을 흉내 내보아요. 이때 학생들이 어린이 카메라로 친구들의 표정을 찍어보고, 찍은 사진 속 표정을 관찰하며 활동에 흥미를 갖도록 해도 좋아요. 표정을 흉내 내는 것을 부끄러워하는 학생들은 교사가 미리 찍어 놓은 표정이 드러나 있는 학생 사진을 보여주거나 표정 자석으로 알맞은 표정을 만들어 보도록 해요.

노랫말을 익힌 후 표정 판을 이용하여 노래에 알맞은 표정을 찾아 들어보아요. 학생들은 노래에 맞춰 표정 판을 들어야 하니 자연스럽게 노랫말에 귀를 기울이고 다양한 표정을 구별하게 되지요. 이 활동에서 교사는 미리 노래에 어울리는 표정 판을 준비하거나 만들어서 활동에 사용해요.

▲ 노래에 맞는 표정 판 - 예시 자료

학생들이 감정 노래에 관심을 가지기 시작했다면 이제 **노래 속 감정에 공감해 보는 활동을 해요.** 이 활동에서는 새 친구를 만날 때 느끼는 부끄러움, 친구와 싸웠을 때 느끼는 화남, 혼자 잠을 잘 때 느끼는 무서움과 같은 일상생활에서 일어나는 일에 대한 감정들을 이야기하는 노래를 선정해요. 학생들이 노래 속 감정들에 공감하려면 먼저 노랫말의 상황과 감정에 대한 이해가 필요해요.

교사는 학생들의 이해를 돕기 위해 노랫말을 읽으며 노래 속 상황에 대한 다양한 질문을 해요. "노래에 나오는 친구는 내가 쌓고 있던 블록을 친구가 쓰러뜨렸을 때 화가 난대요. 여러분들도 그런 적이 있나요?"와 같은 질문에 학생들은 "어제 만들어 놓은 로봇 블록을 누가 떼어놓았어요. 오늘 가지고 놀려고 했는데 화가 났어요.", "오빠가 내가 가지고 놀던 인형을 가져가서 화났어요."의 대답처럼 똑같거나 비슷한 상황에 대한 다양한 감정을 이야기해요. 이렇게 이야기를 주고받다 보면 "맞아. 나도 그런 적 있어."라며 공감하는 학생들이 생겨요. 이때 자신의 상황과 감정을 이야기하기 어려운 학생은 감정 카드를 선택하여 친구들에게 보여주며 수업에 참여해요.

반대로 "나는 혼자 잘 때 안 무서워."라며 노래 속

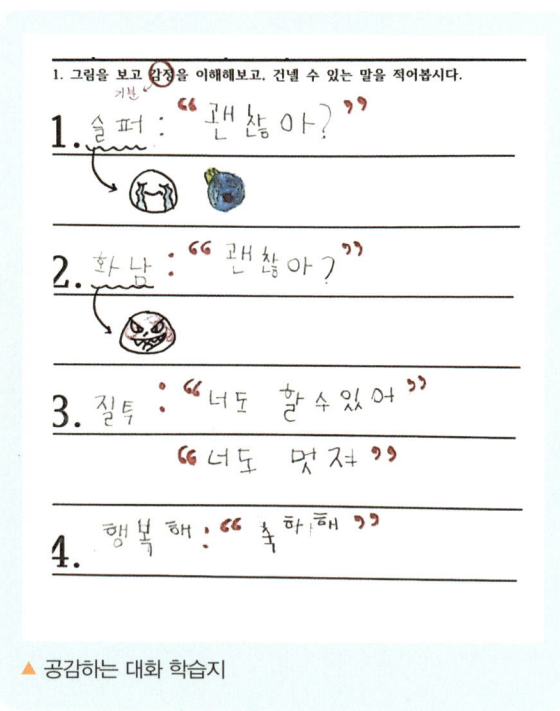

▲ 공감하는 대화 학습지

상황에 대하여 다른 감정을 느낀 학생들도 있어요. 교사는 하나의 상황에서 다양한 감정을 느낄 수 있음을 다시 한번 이야기하며 다른 학생들이 그 학생의 감정에 존중하는 마음을 가지도록 지도해요.

학생들이 공감과 존중의 마음을 가지고 수업에 참여한다면 나아가 상대방의 감정에 공감하는 말을 연습해 보아도 좋아요. 슬픔을 느끼는 친구에게 해줄 수 있는 위로의 말, 질투가 난 친구에게 해줄 수 있는 격려의 말 등을 떠올려 보며 학습지에 써보아요. 자신이 쓴 공감의 말을 사용하여 상대방과 역할극을 해 보며 일상생활에서 자연스럽게 사용할 수 있도록 반복하여 연습해요.

감정 표현을 넣어 일기 쓰기

노래를 통하여 공감과 존중의 마음을 느껴보았다면 **이번엔 내 감정을 글로 표현해 보고 친구들과 그때의 감정을 나누는 연습을 해요.** 주말에 있었던 일, 학교에서 있었던 일 등 학생들이 겪은 일에 대해 그림을 그리거나 사진을 붙여 감정 일기를 써요. 감정 일기에는 수준에 따라 '아이스크림을 못 먹어서 화가 났다.'와 같이 상황에 따른 감정만 들어가도록 써도 좋고 언제, 어디서, 누구와, 무

▲ 감정 일기 결과물

엇을 했는지, 그때의 감정은 어떠했는지에 대해 자세하게 써도 좋아요. 자신의 경험을 이야기하기 어려운 학생에 대해서는 보호자에게 사진을 미리 받거나 학교에서 찍어 놓은 사진을 보여주며 자신의 경험을 떠올려 보고, 여러 가지 감정 카드에서 내 감정을 선택하여 일기장에 감정 단어를 따라 쓰거나 붙여보는 활동을 해요. 일기를 다 쓰면 한 명씩 나와 자신이 그린 그림이나 사진을 보여주며 감정 일기를 발표해요. 이 활동을 통하여 학생들은 내 감정을 깊이 생각해 보고 친구들과 감정을 나누는 경험을 하게 되지요.

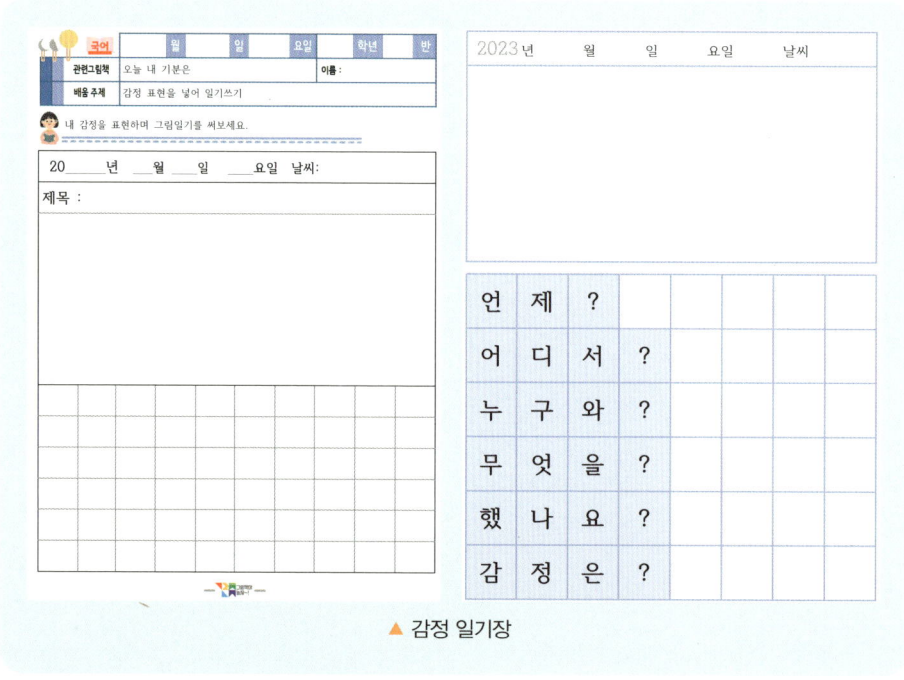

▲ 감정 일기장

이때 글을 쓸 수 있는 학생은 자신이 경험한 일에 대한 감정을 문장으로 써보고, 한글 미해득 학생은 먼저 감정 일기장에 그림을 그리거나 보호자에게 미리 받은 사진을 붙여보아요. 그리고 교사는 학생에게 그림이나 사진과 관련된 질문을 하며 그때의 감정을 감정 카드에서 골라보도록 해요. 학생과의 대화를 바탕으로 교사는 회색 형광펜을 이용하여 감정 일기장에 학생의 경험과 감정 단어를 써주고 학생이 회색 형광펜 위에 덧쓰기를 하며 글자를 따라 쓰도록 지도해요.

오늘의 감정 표현하기

이번에는 지금까지 배운 내용을 생활에 적용하여 **아침마다 감정 카드를 선택해 매일의 감정을 표현하는 활동을 할 거예요.** 교사는 학생들과 아침 인사를 나눈 후 오늘의 감정은 어떤지 질문을 해요. 처음에 학생들은 마음에 드는 감정 카드를 선택하여 감정을 표현할 수는 있지만 그 감정을 느낀 이유를 말하는 것은 어려워해요. 학생들이 감정에 대한 이유를 표현할 수 있도록 교사가 먼저 오늘은 어떤 감정인지, 해당 감정이 든 이유를 학생들에게 들려줘요.

"오늘 선생님의 감정은 '기쁨'이에요. 맛있는 아침밥을 먹고 와서 기뻐요."와 같이 교사의 이야기를 들려주면 학생들은 오늘 아침에, 어제저녁에 있었던 일을 생각하여 이야기해요. 이렇게 매일 아침 활동으로 감정 카드를 선택하고 그 이유를 말하는 연습을 하면 학생들은 점점 다양한 이유를 말할 수 있게 될 거예요. 초반엔 "즐거워."라고 감정 단어만 따라 말하던 학생이 시간이 지나자 "학교에 와서 즐거워요.", "공부해서 즐거워요."라고 이야기하게 되고, "게임을 해서 신나요."라며 매일 똑같은 이유만 이야기하던 학생이 나중엔 "친구와 잡기놀이를 해서 신나요.", "어제 넘

▲ 감정 카드로 오늘의 감정 표현하기

어져서 슬퍼요."와 같이 감정에 대한 다양한 이유를 말하기 시작하지요. 이때 감정에 대한 이유를 말하는 것을 어려워하는 학생을 위하여 감정 이유 카드를 준비하여 그중에서 선택하고 따라 말하도록 지도해요. **감정 이유 카드의 내용은 학급 학생들이 좋아하는 것과 싫어하는 것을 반영하여 작성해요.** 또한 한글 미해득 학생들도 카드의 내용을 바로 알 수 있도록 직관적인 그림이나 학생들의 활동사진을 넣어서 감정 이유 카드를 완성해요.

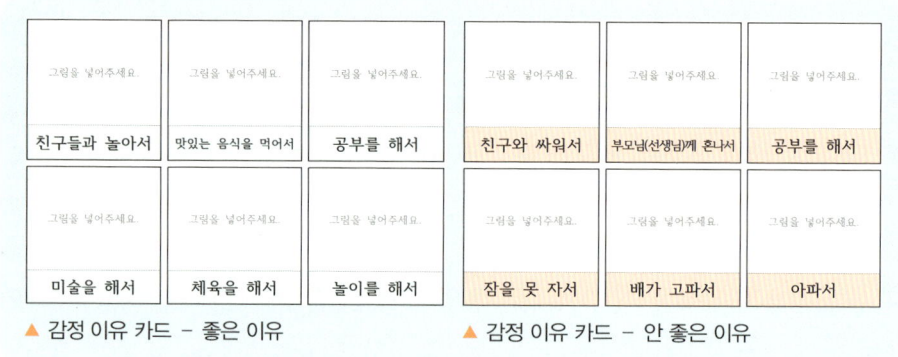

▲ 감정 이유 카드 - 좋은 이유　　　　▲ 감정 이유 카드 - 안 좋은 이유

마음 신호등으로 감정 조절하기

아침마다 자신의 감정을 표현하고 이유를 말하는 활동을 하며 자연스럽게 감정을 표현하기 시작했다면 **이번엔 감정 조절하는 방법을 배워요.** 내 감정을 표현하는 것도 중요하지만 감정을 조절하는 것 역시 어울려 살아가는 데 꼭 필요한 능력이에요. 감정 조절 수업에서는 학생들이 직관적으로 내 감정 상태를 확인하고 조절할 수 있도록 시각적 자료인 '마음 신호등'을 이용해요.

교사는 학생들에게 마음 신호등을 소개하기 전에 감정 카드들을 보여주며 "우리는 기쁨, 즐거움, 행복함과 같은 편한 감정을 느끼기도 하고, 화, 슬픔, 괴로움과 같은 불편한 감정을 느끼기도 해요. 이렇게 다양한 감정 중 편한 감정을 느낄 때는 웃기도 하고 박수를 치기도 하지요. 반대로 불편한 감정은 어떻게 표현할까요?"라고 질문해요. 교사의 질문에 학생들은 "화를 내요.", "울어요."라고 대답하지요. 이어서 교사는 "맞아요. 불편한 감정을 표현할 때 화를 내기도 하고 울기도 해요. 내가 화를 낼 때 상대방의 마음은 어떨까요?"라고 질문하며 상대방의 마음을 생각해 보는 시간을 가져요. 이때 상대방의 마음을 생각하여 불편한 감정을 무조건 참는 것이 아니라 불편한 감정도 꼭 표현해야 하며, 바르게 표현해야 함을 이야기해요.

그리고 마음 신호등을 보여주며 다음과 같이 소개할 수 있어요.

"마음 신호등은 우리가 불편한 감정을 느낄 때 바르게 표현할 수 있도록 도와줘요. 감정을 바르게 표현하기 위해서 첫 번째, 말과 행동을 잠시 멈춰요. 두 번째, 내가 이 감정을 어떻게 표현할지 생각해요. 세 번째, 감정을 바르게 표현해요. 감정을 바르게 표현하는 방법은 많아요. 자리에 앉아 화를 조금 가라앉힌 후 상대방에게 내가 화난 이유를 말할 수도 있고, 슬프면 울 수도 있지요."

▲ 마음 신호등 학습지

학생들은 마음 신호등을 통하여 내 감정을 바르게 표현하는 방법과 감정을 조절하는 방법을 조금씩 익히게 돼요.

마지막으로, 학생들이 학습지의 신호등 색깔을 보며 빨간불, 노란불, 초록불에 해야 하는 행동을 생각해 보도록 해요. 그리고 신호등 속 각각의 표정들의 의미를 생각해 보아요. 신호등의 의미를 이해한 후에 멈추기, 생각하기, 표현하기 글자를 따라 쓰고 색칠해요. 완성된 학습지를 교실 앞에 붙여놓고 불편한 감정이 들 때마다 마음 신호등을 보며 감정을 조절하도록 해요.

> **특수교사의 특별한 TIP**
>
> 감정 단어를 쓰기 어려워하는 학생은 감정 단어를 배울 때 사용했던 감정 카드를 교실 앞쪽에 게시하여 감정 카드를 보고 자신의 감정을 선택할 수 있게 하면 좋아요.
>
> 감정 단어나 감정 그림을 라벨지(54칸 정도)에 여러 장 출력해 놓고 학생이 필요할 때 사용하는 방법도 있어요.
>
> **이런 책도 있어요.**
> 《짖어봐 조지야》 줄스 파이퍼 지음, 조숙은 옮김, 보림, 2000.
> 《아홉살 마음사전》 박성우 글, 김효은 그림, 창비, 2017.
> 《컬러 몬스터: 감정의 색깔》 아나 예나스 글·그림, 김유경 옮김, 청어람아이, 2020.

짧은 귀 토끼
다원시 글, 탕탕 그림
고래이야기

내가 잘하는 것을 찾고 싶어요

짧은 귀를 가지고 태어난 토끼 동동이는 자신의 귀를 길게 만들기 위해 많은 노력을 해요. 과연 동동이의 귀가 길어졌을까요?

"우리는 서로 다른 장단점을 가지고 있어요. 그 다양성을 통해 서로를 보완하며 성장해 나가지요.
학생들이 나와 친구들의 장점을 찾아보는 활동과 단점에 대해 서로 공감하고 격려해 보는 활동을 통하여 다양성을 인정하고 존중하는 마음을 갖도록 수업을 디자인했어요."

동기유발

집게에 매달려 있는 주인공의 모습을 보여주며 어떤 동물일지, 무엇을 하는 중일지 상상해 보아요. 학생들은 "여우 같아요.", "고양이 같아요."라고 이야기하기도 하고, "토끼가 왜 귀가 짧아요?" 하며 궁금해하는 학생도 있지요.

표지에 쓰여 있는 책 제목에서 '짧은 귀' 글자를 가려놓은 후, 학생들에게 책 제목을 상상해 보도록 해요. 학생들은 표지 속 토끼의 모습을 살펴보고 '하얀 토끼, 바지 입은 토끼, 인형 토끼'와 같은 다양한 책 제목을 이야기하며 상상력을 발휘할 거예요.

주인공 토끼가 다른 토끼들과 어떤 점이 다른지, 짧은 귀를 길게 만들기 위해서 어떤 노력을 했는지 퀴즈를 풀어보며 내용을 떠올려 보아요.

반창고는 어떤 역할을 하는지 이야기해 보고, 속상한 마음은 어떻게 치유하면 좋을지 이야기 나누어 보며 치유밴드를 소개해요.

 서로의 경험을 나누어요

학생들은 친구들과 경험을 나누는 과정을 통하여 상대방을 이해하고 서로의 다양성을 인정하는 태도를 배워요. 따라서 교사는 학생들이 자신의 경험을 말하며 상대방과 공유하는 과정을 경험할 수 있도록 다양한 활동이 담긴 수업을 구성해요. 몇몇 학생들은 주변 사람들에게 자신이 겪은 일을 먼저 말하기도 하지만, 대부분 학생은 상대방이 질문하기 전까지 자신의 경험을 표현하지 않는 경우가 많기 때문이에요.

수업을 시작할 때는 학생들이 경험을 쉽게 떠올릴 수 있도록 주인공의 상황과 비슷한 경험을 한 적이 있는지 물어보며 경험 나누기 활동을 해요. 그리고 친구들의 이야기를 듣고 생각나는 경험을 이야기해 보며 경험의 범위를 넓혀나가요. 마지막으로 그림이나 글과 같은 다양한 방법으로 경험을 표현하도록 활동을 구성해요.

주인공의 감정 변화 살펴보기

서로의 경험을 나누어 보기 전에, 학생들이 그림책의 내용을 이해하도록 사건과 시간의 흐름에 따른 주인공의 감정 변화에 대해 살펴보아요. 주인공은 친구들과 다른 점에 대해 다양한 방법으로 극복하려 노력해요. 그 과정에서 주인공은 슬픔, 화남, 뿌듯함과 같은 다양한 감정을 느끼지요.

먼저, 교사는 학생들과 함께 주인공이 처한 상황에 관해 이야기를 나누고 그림책 속에 나타나 있는 주인공의 표정을 살펴보며 어떤 감정일지 생각해 보도록 해요. "주인공의 귀는 몇 주가 지나도록 자라지 않았어요. 이때 주인공은 어떤 감정을 느꼈을까요?"라는 질문에 학생들은 "슬펐어요.", "화났어요.", "속상해요."와 같은 비슷한 감정을 이야기해요. 감정의 이름이 생각나지 않을 때는 여러 가지 감정 카드에서 주인공의 표정과 비슷한 감정 카드를 골라보고 이름을 따라 읽어보아도 좋아요.

비슷한 감정을 이야기하고 감정 카드로 골라보았다면, **이번엔 감정 카드로 주인공의 변화된 감정을 순서대로 나열해 보아요.** 이 활동을 통하여 학생들은 그림책의 흐름을 이해하게 되고, 주인공이 처한 상황에 따른 감정 변화를 한눈에 볼 수 있지요. 그리고 순서대로 나열된 감정 카드를 보면서 주인공의 얼굴에 알맞은 표정을 넣어서 그림을 완성해요. 학생들이 감정에 어울리는 표정을 직접 그려봄으로써 화났을 때, 뿌듯할 때, 속상할 때와 같이 다양한 감정에 따른 눈썹, 눈, 입 모양을 더 자세하게 관찰하게 되지요.

주인공의 얼굴에 알맞은 표정을 그려서 완성한 후, **감정 변화에 따라 그림들을 순서대로 나열해 보아요.** 나열된 그림을 보면 주인공의 표정이 어떻게 변하였는지 한눈에 보일 거예요.

▲ 토끼 얼굴

▲ 주인공의 감정 변화 그리기

속상했던 경험 말하기

주인공의 감정과 마음을 살펴보았다면 이번에는 나의 마음을 들여다볼까요? 그림책 속 주인공처럼 누구에게나 슬프고 속상했던 경험이 있을 거예요. 그 경험들을 떠올려 보고 그때의 **내 감정에 대해 살펴보도록 해요.**

이 활동에서 교사는 학생들이 속상했던 경험을 떠올릴 수 있도록 다양한 예시를 말해주어요. 짧은 귀 토끼처럼 "선생님은 발이 커서 속상해요."와 같이 외적인 고민도 좋고, "선생님은 피아노를 잘 치고 싶은데 마음대로 되지 않아 슬퍼요."처럼 현재의 고민이나 자신의 부족한 점에 관한 이야기를 예시로 들어주며 학생들이 다양한 경험을 떠올릴 수 있도록 지도해요. 처음에 학생들은 "손이 작아서 속상해요."와 같이 주로 외적인 것에 대한 고민을 말해요. 또는 "오늘 비가 와서 슬퍼요. 밖에 못 나가니까요.", "배가 고파서 슬퍼요."와 같이 현재 상황에 관한 생각을 말하지요. 그러다가 함께 이야기를 나눌수록 정말 속상했던 일이나 고민을 이야기하기 시작해요.

이때 자신의 경험을 말하는 것을 어려워하는 학생들을 위하여 평소에 슬프거나 속상한 표정이 나타난 사진을 찍어두고 그때의 상황을 자세하게 기억할 수 있도록 사진 뒷면에 적어놓아요. 학생과 함께 사진을 보면서 어떤 상황에서 슬펐는지 이야기 나누며 활동에 참여하도록 해요.

속상했던 경험을 나눌 때, 한 학생은 "친구들은 줄넘기를 잘하는데 저만 못해서 슬퍼요."라고 말하며 속상해하는 표정을 짓기도 하고, 어떤 학생은 "동생이 저를 안 좋아하는 것 같아서 속상해요."라고 말하며 가족 이야기를 해요. 이렇게 서로의 경험을 나눌수록 자기 자신에서 시작하여 점점 범위를 넓혀 생각하지요. 이때 교사는 학생들의 속상했던 경험을 눈으로 볼 수 있도록 학생 사진 옆에 그 학생의 고민을 적어요. 귀로만 듣는 것보다 기억에 더 오래 남기 때문이에요.

▲ 속상했던 경험 말하기

다양한 방법으로 경험 표현하기

친구들과 속상했던 경험을 나누어 보았다면, 이제는 다양한 방법으로 경험을 표현해 볼 거예요. 앞서 학생들이 말했던 경험을 그림이나 글로 표현해 볼 거예요. 이 수업에서는 미리 학생들의 수준에 맞게 그림, 문장, 따라 쓰기와 같은 다양한 방법으로 자료를 준비해 놓아요.

한글을 쓰는 학생들은 그림을 그리고 경험에 대한 짧은 글을 쓰도록 해요. 한글 미해득 학생의 경우 그림으로 표현해 보거나 교사가 회색 형광펜으로 학생의 경험을 써주고 학생이 그 위에 덧쓰기를 하며 낱말을 따라 써보도록 해요. 혹은 반투명 종이를 글자 위에 대고 따라 쓰기를 해도 좋아요. 그리고 활동하다 보면 "저 그림 못 그려요. 안 그리고 싶어요."라고 말하는 학생들도 있어요. 이때는 그림 없이 글자로만 경험을 표현하도록 지도해도 좋고, 교사가 그림 도안을 준비하여 학생에게 제공하고, 학생은 도안에 색칠하며 활동해도 좋아요.

또한 깨진 하트처럼 시각적 자료를 준비하여 그 위에 경험을 그리거나 쓰는 활동을 하면 학생들이 흥미와 관심을 가지고 수업에 참여할 거예요. 이렇게 다양한 방법으로 표현한 자료들은 다음 활동인 '치유밴드 붙여 격려하기' 수업에 활용해요.

▲ 문장으로 경험 표현하기   ▲ 회색 형광펜 위에 낱말 따라 쓰기

▲ 반투명 종이 위에 글자 따라 쓰기   ▲ 깨진 하트 위에 경험 쓰기

 친구의 경험에 공감하고 격려해요

우리는 모두 완벽하지 않아요. 모두가 단점이 하나씩은 있고, 종종 실수하기도 하지요. 그렇다면 '단점'은 없어져야 할 안 좋은 것일까요? '단점'이란 우리의 약점이나 부족한 점을 말해요. 하지만 오히려 각자가 가지고 있는 단점들로 인해 서로 다른 개성을 가지게 되고, 이를 극복하는 노력을 통하여 우리는 더욱 성장하고 발전해 나가지요. 이처럼 단점을 극복하기 위해서는 부정적으로 바라보지 않고 긍정적인 마음으로 받아들이는 태도가 필요해요. 학생들이 자신의 단점을 인정하고 받아들이기 위해서는 주변 사람들의 격려와 지지가 있어야 해요.

따라서 이번 활동에서는 앞서 학생들과 속상했던 경험에 관해 이야기 나눈 것을 바탕으로 치유밴드 붙이기, 공 전달하여 격려하기와 같이 상대방을 격려하는 다양한 방법을 배울 거예요. 또한 학생들이 쉽게 이해할 수 있도록 '단점'이라는 용어를 사용하는 대신 '속상했던 경험', '내가 자신 없는 부분'이라는 말로 대체하여 사용해요.

그림책 속에서 격려하는 말과 비난하는 말 찾아보기

격려하기 첫 번째 차시에는 **그림책 속에서 격려하는 말과 비난하는 말을 찾아보고 읽어보는 활동을 할 거예요.** 먼저, 격려하는 말을 찾아 읽어보아요. 짧은 귀를 가져 속상한 주인공에게 가족과 주변 친구들이 위로와 격려의 말을 전해요. 학생들과 함께 해당 장면의 그림을 보고 문장을 읽어보며 주인공의 마음이 어떨지 생각해 보아요. 한 학생은 "짧은 귀를 칭찬해 줘서 기분이 좋아요."라고 말하며 주인공의 마음을 느껴보기도 하고, 어떤 학생은 "나중에 크면 길이가 길어질 거라고 말해

줘서 마음이 편안해졌어요."라고 말하며 혹여나 짧은 귀가 자라지 않을까 불안해하는 주인공의 마음을 이해하기도 해요.

반대로, 이번에는 그림책 속에서 비난하는 말을 찾아 읽어보아요. 짧은 귀를 길게 만들기 위해 노력하는 주인공에게 주변 친구들이 놀리며 비난하는 말을 해요. 학생들과 함께 장면을 보면서 주인공의 표정 변화를 살펴보아요. 그리고 "주인공이 친구들에게 놀림을 받았을 때 어떤 마음이 들었을까요?"라고 질문하며 주인공의 마음을 생각해 보도록 해요. 학생들은 주인공의 표정을 보며 "화났어요.", "울어요."라고 대답해요. 이렇게 그림책 내용을 통하여 학생들은 격려하는 말을 들었을 때와 비난하는 말을 들었을 때의 마음을 조금이나마 느껴볼 수 있어요.

그림책에 나오는 격려하는 말과 비난하는 말을 찾아본 후에, **시각적 자료인 마인드맵이나 표로 정리해요.** 그리고 격려하는 말과 비난하는 말 옆에 감정 카드를 붙여보면서 각각의 말을 들었을 때 어떤 마음일지 눈으로 볼 수 있도록 해요. 이러한 시각적 자료의 사용은 학생들의 이해를 도울 수 있어요.

▲ 그림책 속 격려하는 말과 비난하는 말 시각적 자료

격려하는 말과 비난하는 말 구별하기

그림책 속에서 격려하는 말과 비난하는 말을 찾아보았다면, 격려하기 수업 두 번째 차시에서는 **생활에서 자주 사용하는 격려하는 말과 비난하는 말을 구별해 보는 활동을 할 거예요.** 이 활동을 하기 위해서는 학생들이 격려와 비난의 뜻을 더 명확히 이해하고 있어야 해요. 교사는 학생들이 쉽게 이해할 수 있도록 익숙한 교실 상황을 예로 들며 격려와 비난의 뜻을 설명해요. "친구의 실수로 함께 쌓고 있던 블록이 쓰러졌어요. 이때 친구에게 어떤 말을 해주면 좋을까요?"라는 질문에 학생들은 "너 때문이야.", "네가 다시 만들어놔.", "괜찮아, 다시 해보자."와 같은 다양한 대답을 해요. 이때 교사는 학생들의 답을 토대로 "'너 때문이야.'라는 말을 들은 친구의 감정은 어떨까요? 반대로, '괜찮아, 다시 해보자.'라는 말을 들은 친구의 감정은 어떨까요?"와 같은 질문을 하여 격려하는 말과 비난하는 말을 들었을 때의 감정에 관해 이야기를 나누어요. 이렇게 학생들은 격려하는 말을 들었을 때는 힘이 나고 용기를 얻으며, 비난하는 말을 들었을 때는 상처를 받거나 기분이 안 좋다는 것을 이해하게 돼요.

학생들과 격려하는 말과 비난하는 말의 뜻을 알아보았다면, **이번에는 여러 가지 말 중에서 격려하는 말과 비난의 말을 구별해 보도록 해요.** 교사는 여러 가지 말 자료를 칠판에 붙여 놓고 하나씩 읽어주어요. 이때 격려하는 말을 할 때는 부드럽게 말하고, 비

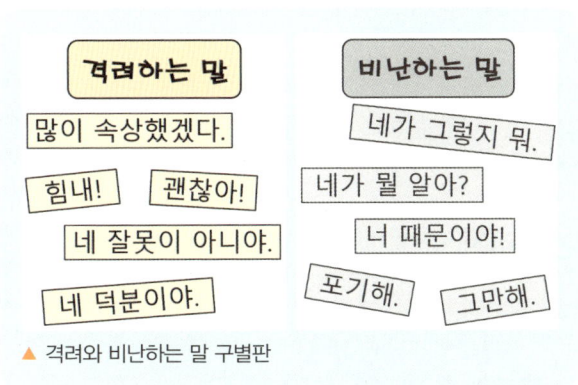

▲ 격려와 비난하는 말 구별판

난하는 말을 할 때는 강하게 말하는 등 억양을 달리하여 말하며 학생들이 격려와 비난의 느낌이 다르다는 것을 쉽게 이해하도록 지도해요. 또한 한글 미해득 학생들을 위해서 격려와 비난의 말 색깔을 달리하여 쉽게 구별할 수 있도록 자료를 제작해요.

마지막 활동으로, **수준별 학습지를 이용하여 격려하는 말과 비난하는 말을 정리해 보도록 해요.** 한글을 쓸 수 있는 학생은 학습지에 직접 격려, 비난하는 말과 각각의 느낌을 써보거나 〈보기〉에서 찾아서 써보도록 하고, 한글 미해득 학생의 경우 따라 써보거나 자료를 오려 붙여보도록 해요. 이때 오리기 자료는 앞서 칠판에 붙였던 자료처럼 격려와 비난의 말 카드의 색깔을 다르게 하여 학생이 쉽게 구별할 수 있도록 만들어 제시해요. 또한 '웃는 표정, 화난 표정'과 같은 표정 스티커를 카드에 붙여주어 구별하도록 지도해도 좋아요.

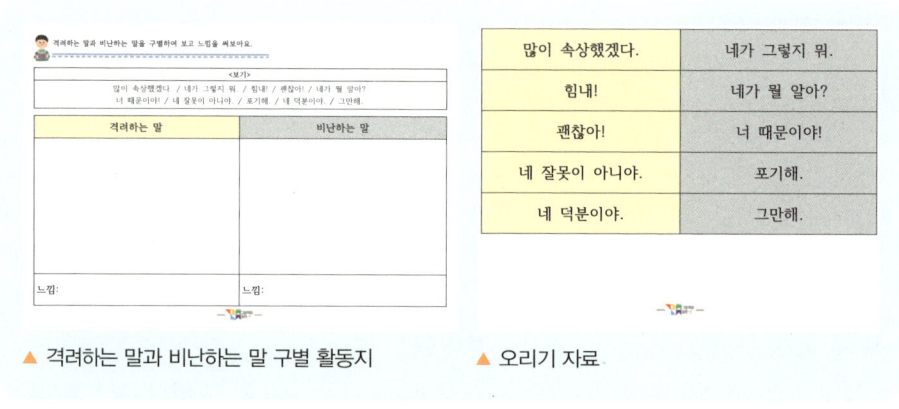

▲ 격려하는 말과 비난하는 말 구별 활동지   ▲ 오리기 자료

격려하는 말을 적어 치유밴드 붙이기

격려하기 수업 세 번째 차시에는 앞에서 배운 격려하는 말을 적어 치유밴드 붙이기 활동을 할 거예요. **치유밴드 붙이기란 상처가 난 몸에 반창고를 붙여 치료하**

듯이 속상한 마음에 밴드 모양 스티커를 붙여 마음을 치유하는 활동이에요. 이 활동에서는 그림책 주인공의 속상한 마음에 격려하는 말을 적어 치유밴드를 붙여보고, '다양한 방법으로 표현하기' 수업에서 만든 학생들의 작품에 치유밴드를 붙여볼 거예요.

먼저, 짧은 귀를 가져 속상한 주인공에게 해줄 수 있는 격려의 말을 생각해 보아요. 학생들은 주인공에게 "귀가 짧아도 괜찮아. 너는 달리기를 잘하니까.", "괜찮아. 다리가 튼튼해서 높이 뛸 수 있잖아."와 같이 주인공의 잘하는 점을 찾아 격려하거나 '사랑해, 힘내'와 같이 응원의 말을 생각해서 말해요. 이렇게 생각한 격려의 말을 밴드 모양 스티커에 써서 치유밴드를 만들어요.

그리고 주인공에게 격려의 말을 하며 완성된 치유밴드를 그림에 직접 붙여주어요. 한글 미해득 학생의 경우에는 교사가 밴드 모양에 '고마워, 사랑해, 힘내, 괜찮아'와 같은 격려의 말을 입력하여 출력한 후 학생들에게 붙이도록 해요. 이때 학생들에게 주인공의 어느 부분에 붙이고 싶은지 물어보면 대부분 '귀'라고 말해요. 짧은 귀를 위로하고 격려해 주고 싶은 학생들의 마음이 잘 드러나는 대답이에요.

▲ 주인공 그림에 치유밴드 붙이기

다음으로, 앞서 글과 그림으로 나타낸 친구의 속상했던 경험을 살펴보고 **친구의 마음을 생각해 보며 그 마음에 공감해 보아요.** 그리고 경험에 어울리는 격려의 말을 생각해서 치유밴드에 적어요. 만약 학생들이 격려의 말을 생각하기 어려워한다면 교사가

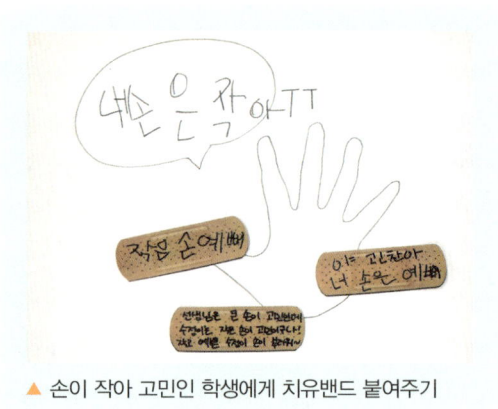

▲ 손이 작아 고민인 학생에게 치유밴드 붙여주기

먼저 밴드에 격려의 말을 적어서 붙여주어도 좋아요. 손이 작아 속상한 학생에게 '선생님은 큰 손이 고민인데 ○○이는 작은 손이 고민이구나! 작고 예쁜 ○○이 손이 부러워.'라고 쓴 치유밴드를 붙여주며 그 학생이 단점이라고 생각하는 부분을 칭찬해 주어요.

▲ 화를 참지 못해 고민인 학생에게 치유밴드 붙여주기

그리고 화를 참지 못하는 학생에게는 '○○아! 완벽한 사람은 없어. 선생님은 화가 나도 참으려고 노력하는 ○○이의 모습이 정말 멋지다고 생각한단다.'라고 쓴 치유밴드를 붙여주며 학생이 노력하는 모습을 응원해 주어요.

교사의 예시를 들은 학생들은 단순히 '예뻐', '괜찮아'와 같은 말이 아닌 조금 더 생각해서 그 친구를 격려하려 노력할 거예요.

이렇게 학생들은 친구들의 경험에 어울리는 격려의 말을 적어 마음을 치유해 주기 시작해요. 공부가 어려워 속상한 친구에게 'OO아 괜찮아! 아직은 5학년이니까 앞으로 잘하면 돼.'라고 격려의 말을 쓰며 응원하거나 '그럴 수 있어.'라고 쓰며 공감해 주어요.

또한 줄넘기를 못 해서 속상한 친구에게는 '내가 알려줄게. 넌 할 수 있어.'라고 격려의 말을 쓰며 자신이 할 수 있는 것을 선뜻 친구에게 알려주려는 학생도 있어요. 만나면 자주 다투는 학생들이지만 이 수업에서만큼은 친구의 경험에 공감하고 격려해 주려 노력하는 모습이 보였어요.

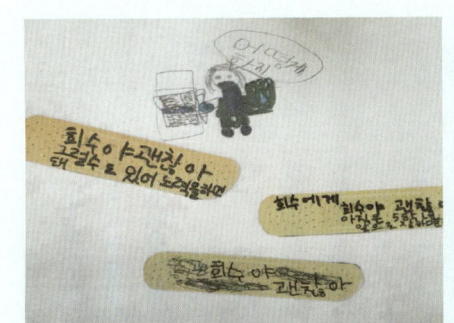 

▲ 친구들의 경험에 치유밴드 붙이기

활동을 마무리하면서 학생들이 붙인 치유밴드 속 내용을 함께 읽어보아요. 학생들은 친구들이 쓴 내용을 들으면서 **어떻게 친구를 격려해야 하는지 이해하게 되고, 더 다양한 격려의 말을 알게 되지요.** 그리고 활동 이후에는 학생들이 자주 볼 수 있도록 치유밴드 작품을 잘 보이는 곳에 두어요. 조금씩 격려하는 분위기가 만들어져 친구가 줄넘기를 못 한다고 놀리거나 친구가 잘못한 점을 말하는 일은 줄어들고 서로 "괜찮아.", "그럴 수 있어."라고 말하며 그 친구를 이해하려 노력하는 모습을 보여요.

이번에는 앞에서 만들었던 깨진 하트에 치유밴드를 사용하여 하트를 붙여주는 활동을 할 거예요. 이 활동에서는 **격려하는 말뿐만 아니라 공감하는 말도 함께 사용하도록 지도해요.**

먼저, 학생들은 치유밴드에 친구의 경험에 어울리는 격려의 말을 생각해서 써요. 그리고 친구에게 다가가 "OO아, 매우 속상했겠다." 혹은 "OO아, 많이 슬펐겠다." 라고 말하며 공감의 표현을 해요. 이렇게 자신의 마음을 전한 후에 친구의 깨진 하트에 치유밴드를 붙여 하트를 완성해 주어요. 이때 친구는 "고마워."라고 말하며 격려에 대한 고마움을 표현해요.

활동이 끝난 후 학생들에게 소감을 물어보면 "깨진 하트가 붙여져서 기분이 좋아요."라며 자신의 감정을 표현해요. 또한 치유밴드를 더 붙이고 싶다며 쉬는 시간에도 활동을 이어서 하는 학생도 생기지요.

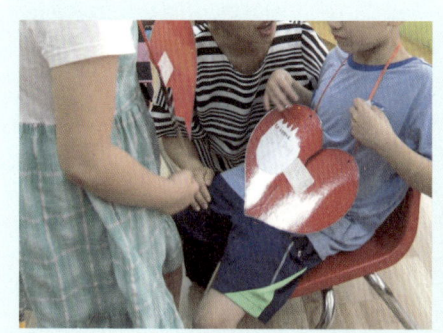 

▲ 치유밴드 사용하여 하트 붙이기

공을 전달하며 공감과 격려하는 말하기

치유밴드를 붙이며 공감과 격려하는 말을 연습해 보았다면, 이제는 **친구와 마주 앉아 눈을 바라보며 공감과 격려하는 말을 전해보아요.** 이 활동에서는 딱딱하게 글자를 읽는 것이 아니라 자연스럽게 말하듯이 격려해 볼 거예요. 먼저, 서로를 볼 수 있도록 둥글게 앉아요. 그리고 한 학생이 속상한 마음을 말한 후 다른 친구에게 공을 전달해요. 공을 전달받은 학생은 속상한 마음을 표현한 친구에게 공감과 격려의 말을 해요.

이때 문장으로 말할 수 있는 학생은 자연스럽게 말하여 친구를 격려하는 것에 중점을 두며, 따라 말할 수 있는 학생은 교사가 옆에서 부드러운 억양으로 말하는 것을 듣고 부드러운 말투로 따라 말해 보도록 해요. 그리고 발화가 어려운 학생은 속상해하는 친구의 손을 꼭 잡아주거나 어깨를 토닥이는 등의 행동으로 친구를 격려하도록 해요. 공이 한 바퀴를 돌고 나면 학생들은 각자의 방법으로 친구의 경험에 공감하고 격려하는데 조금 익숙해져요.

이 활동은 일회성으로 끝내기보다는 학교생활 속에서 친구와 다투거나 속상한 일이 생겼을 때 혹은 일이 생기지 않았어도 평소에 활동을 여러 번 하다 보면 상대방의 마음에 공감하고 격려하는 말을 하는 것에 익숙해질 거예요.

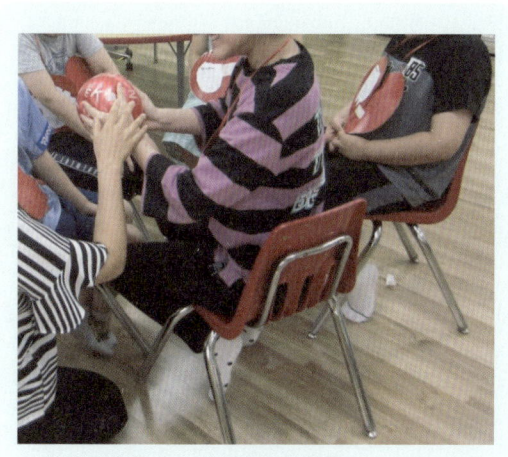

▲ 공 전달하며 공감-격려하는 말하기

 나와 친구의 장점을 찾아보아요

우리는 자기 자신이 가진 단점을 쉽게 찾아내지만, 상대적으로 자신이 가진 장점을 발견하기란 쉽지 않아요. 계속해서 부족한 점에 집중하고 극복하려 노력하지요. 이는 우리가 성장하고 발전하는 데 필요한 자세이지만, 때로는 우리가 가진 긍정적인 면을 놓치기도 해요. 따라서 부족한 점을 인정하고 극복하는 자세를 가지면서도 동시에 자신의 장점을 발견하고 인정하는 태도를 가져야 해요. 이번 수업에서는 각자가 가진 장점을 찾아보고, 장점 책 만들기, 칭찬 상 만들기, 장점 나무 만들기와 같은 다양한 방법으로 자신의 장점을 표현해 보는 활동을 해요. 이를 통하여 학생들은 자신에게 자신감을 가지고 조금 더 성장할 수 있을 거예요.

주인공의 장점을 찾아 칭찬하기

나와 친구들의 장점을 찾아보기 전에 짧은 귀 토끼의 장점부터 찾아볼까요? 학생들과 함께 그림책 장면을 보면서 **주인공이 잘하는 것을 찾아보아요.** 학생들은 '뛰기, 달리기'와 같이 일반적으로 토끼가 잘하는 것을 이야기하기도 하고, 그림책에 나오는 짧은 귀 토끼만이 할 수 있는 것을 이야기하기도 해요. 어떤 학생은 "잘 들려요. 귀가 짧아도 사람보다 커서 소리가 잘 들릴 것 같아요."라고 말하며 주인공이 극복하고 싶어 했던 부족한 점을 칭찬하기도 하지요.

이렇게 주인공의 장점을 찾아 이야기를 나눈 후, 주인공 그림을 앞에 놓고 한 명씩 칭찬하는 말을 해보아요. 학생들은 주인공 그림을 빠르게 움직이며 "너는 달리기를 잘해."라고 말하기도 하고, 높이 띄우며 "너는 뛰는 걸 잘해서 괜찮아."라고 위로와 칭찬을 해요. 발화가 어려운 학생들은 엄지손가락을 세우며 '최고' 표현을 따라 하도록 지도하는 등 칭찬을 행동으로 표현해 보도록 해요.

그리고 앞서 주인공의 단점에 대해 치유밴드를 붙여 격려해 보았다면, 이번에는 **칭찬 스티커를 붙여 주인공을 칭찬해 보아요.** 학생들은 주인공에게 칭찬 스티커를 붙여주며 잘하는 점을 다시 한번 이야기해 주어요. 이때 학생들이 토끼의 잘하는 점과 관련된 신체 부분에 스티커를 붙이는 모습을 볼 수 있어요. 학생들은 "토끼가 잘 달리도록 도와주는 발에 칭찬 스티커를 붙였어요.", "귀가 잘 듣게 해주니까 귀한테 스티커를 붙였어요."라고 다양한 이유를 말해요.

▲ 주인공에게 칭찬 스티커 붙이기

이렇게 반복하여 칭찬하는 말을 연습하다 보면 누군가를 칭찬하는 것에 자연스러워질 거예요.

나의 장점 찾아보기

이번 활동에서는 **자기 자신에 대해 생각해 보는 시간을 가질 거예요.** 먼저, 내가 잘하는 걸 생각해 보기 전에 음식, 동물, 활동 등 여러 분야에서 내가 좋아하는 것에 대해 자유롭게 이야기해 보아요. 처음부터 자신이 잘하는 것을 찾는 건 어렵게 느껴질 수 있으므로 좋아하는 것을 찾아보고, 그것과 연관된 부분에서 잘하는 것을 찾아보도록 해요. 이때 좋아하는 것이 떠오르지 않는 학생들을 위하여 교사가 사전에 여러 가지 그림 자료들을 준비해요. 그리고 학생들은 그 자료 중에서 자신이 좋아하는 것을 찾아 이야기 나누어요.

또한 교사가 먼저 이야기를 시작하면 학생들이 생각하는 데 도움이 될 거예요. 교사는 "선생님은 과일을 좋아해요. 과일 중에서도 시원한 수박을 좋아하지요. 그리고 강아지도 좋아하고, 산책하는 것을 좋아해요."라며 다양한 예시를 들어주어요. 학생들은 "저도 수박 좋아해요."처럼 교사의 말에 공감하거나 "저는 강아지 말고 고양이가 좋아요."하고 다른 의견을 내기도 해요. 발화가 어려운 학생은 교사가 준비한 그림 자료 중에서 좋아하는 것에 눈을 맞추거나 손가락으로 가리켜보며 활동에 참여해요.

좋아하는 것을 찾아보았다면, 이번엔 **좋아하는 것과 연관하여 내가 잘하는 것을 생각해 보도록 해요.** 예를 들어, 공놀이를 좋아하는 학생의 경우 공놀이와 관련지어 '공 던지기, 공 차기'와 같은 활동에서 자신이 잘하는 것을 찾아보기도 하고, 그림 그리기를 좋아하는 학생은 '동물 그림 그리기, 색칠하기'와 같은 활동에서 자신이 잘하는 것을 찾아볼 수도 있지요.

또한 교사는 "짧은 귀 토끼처럼 우리도 잘하는 것이 있어요. 색칠을 꼼꼼하게 잘하는 친구도 있고, 블록으로 로봇을 잘 만드는 친구도 있어요. 또 선생님께 인사를 잘하는 친구도 있고, 음식을 남기지 않고 잘 먹는 친구도 있지요."라고 말하며 학생들이 노래 부르기, 그림 그리기와 같은 재능이나 능력뿐만 아니라 생활 습관에서도 잘하는 점을 찾아보도록 이야기해요. 교사의 이야기를 들은 학생들은 "저는 잘 먹어요.", "정리를 잘해요.", "달리기를 잘해요."와 같은 다양한 장점을 말하기 시작해요. 이때 자신의 장점이 떠오르지 않는 학생들을 위하여 함께 그 친구의 장점을 찾아보며 활동을 해요.

내가 잘하는 것을 찾아보았다면, 그 내용을 포스트잇에 쓰거나 그림을 그려요. 학습지의 '내가 보는 나의 모습' 부분에 내가 잘하는 것을 적은 포스트잇을 붙이고 한 명씩 나와서 읽어보아요. 이때 발표를 들은 학생들은 "맞아, 너는 OO을 잘해!", "정말 멋지다!" 등의 말을 하거나 손뼉을 치며 공감과 칭찬을 해주어요. 학생들은 친구들의 칭찬을 통해 자신감을 얻을 거예요.

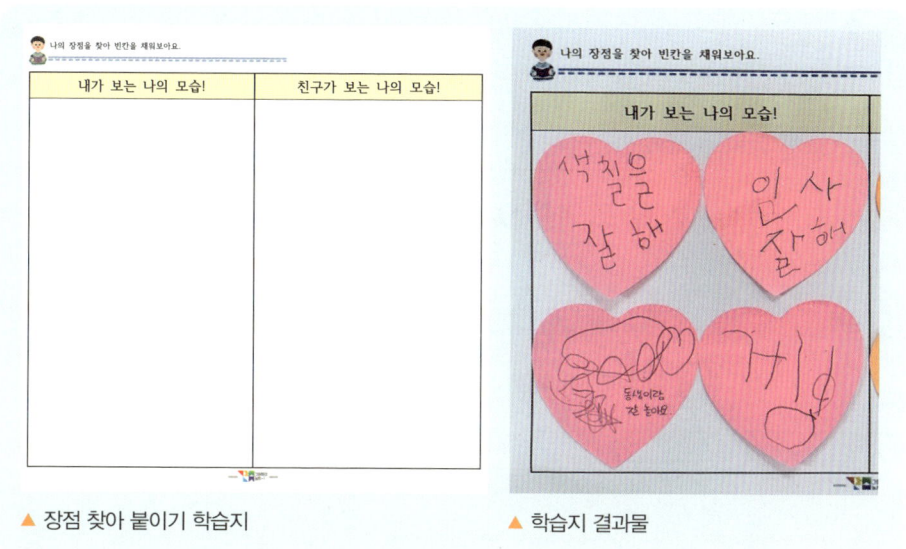

▲ 장점 찾아 붙이기 학습지   ▲ 학습지 결과물

친구의 장점 찾아보기

이번에는 친구에 대해 생각해 보는 시간을 가져요. 수업마다 항상 만나는 친구들이지만 그 친구가 좋아하는 것, 잘하는 것, 싫어하는 것 등을 깊이 생각해 본 적이 없을 거예요. 교사는 "이번에는 친구에 대해 생각해 볼 거예요. 선생님이 생각하는 OO이는 정리를 잘해요. 선생님이 '이제 장난감 정리하자.'라고 말하면 바로 정리하고 자리에 앉는 친구예요."처럼 학생들의 잘하는 점을 하나씩 말해주어요. 그걸 들은 학생들은 "맞아. 아까 내 장난감도 정리해 줬어."라고 공감하기도 하고, "그림도 잘 그려."라며 다른 점을 칭찬하기도 해요.

만약 학생들이 친구의 장점을 찾기 어려워한다면 교사가 바르게 앉아있기, 혼자서 화장실 다녀오기, 인사하기, 그림 그리기, 도와주기, 불 끄고 켜기와 같은 학급 학생들의 장점이 적힌 다양한 장점 카드를 준비하여 어떤 친구가 이 장점에 해당할지 생각해 보고 해당하는 친구에게 장점 카드를 전해주어도 좋아요. 이때 한글 미해득 학생들도 쉽게 알 수 있도록 장점 밑에 관련된 그림을 넣어서 카드를 만들어요.

▲ 장점 카드

친구가 잘하는 점에 대해 알아본 후, '나의 장점 찾아보기' 활동에서 사용했던 포스트잇과 다른 색깔의 포스트잇에 친구들의 잘하는 점을 쓰거나 그려요. 이야기한 내용이 생각나지 않을 땐 앞서 사용했던 장점 카드를 보며 포스트잇을 완성해요. 이렇게 완성한 포스트잇은 해당 친구에게 전해주어요. 친구에게 장점 포스트잇을 전해 받은 학생들은 학습지의 '친구가 보는 나의 모습' 부분에 붙여주어 학습지를 완성해요. 그리고 교사는 학생들과 함께 '친구가 보는 나의 모습' 부분의 포스트잇 내용을 읽어보며 내가 생각하지 못했지만, 친구들이 찾아준 나의 장점엔 무엇이 있는지 살펴보도록 해요.

▲ 나와 친구의 장점 찾아보기 학습지 결과물

풍선을 안아주며 장점 말하기

내가 보는 나의 장점과 친구가 보는 나의 장점에 대해 정리해 보았다면, **자기 자신을 안아주며 격려하는 시간을 가져요.** 자기 자신을 안아주는 것은 우리가 자신을 받아들이고 사랑하기 위한 첫걸음이에요. 이 활동에서는 풍선을 '나'라고 생각하여 풍선에 얼굴을 그리고 안아주어요. 풍선은 나를 나타내며 그 안에 나의 존재를 담고 있는 상징적인 물체로 사용되지요.

▲ 풍선에 내 얼굴 그리기

학생들은 풍선에 눈, 코, 입을 그려서 내 얼굴을 완성해요. 이때 교사는 학생들에게 **풍선이 내 얼굴이라 생각하고 소중하게 다**

루도록 이야기해요.** 얼굴 풍선을 완성한 후에 풍선이 자신이라 생각하며 꼭 안아주어요. 그리고 "나는 ○○을 잘해.", "잘하고 있어.", "사랑해."와 같이 자신을 격려하고 칭찬하는 말을 해요.

처음엔 풍선을 안는 것도, 풍선에 말하는 것도 어색해서 말을 하지 않거나 친구가 하는 것만 바라보는 학생들이 많아요. 교사는 어색해하는 학생은 주변 친구들이 활동하는 모습을 관찰하며 그 분위기에 익숙해지도록 기다려 주어요. 학생의 마음이 편안해지면 그때 다시 활동을 시작해요. 혹은 어색해하는 학생들은 속으로 자신을 칭찬하는 말을 해도 좋고, 풍선을 쓰다듬으며 행동으로만 표현해도 좋아요. 이 활동에서 중요한 점은 격려의 말을 이야기하는 것보다는 자신을 소중히 여기며 사랑하는 마음을 느껴보는 것이기 때문이에요.

또한 풍선을 무서워하는 학생이 있다면 풍선 대신 공이나 인형과 같이 대체할 수 있는 물건을 사용해요. 동그란 종이에 눈, 코, 입을 그리고 공이나 인형 얼굴에 붙여 활동해도 좋지요.

▲ 인형에 내 얼굴 붙이기

장점 책 만들기

앞에서 '나와 친구의 장점 찾아보기' 활동에 사용했던 장점 포스트잇 기억나나요? 이번 활동에서는 그 포스트잇을 활용하여 장점 책을 만들어 볼 거예요. 교사는 학생들에게 지난 시간에 포스트잇을 붙여 완성한 활동지를 보여주며 자신의 장점에 대해 다시 한번 떠올려 보는 시간을 주어요. 친구들 앞에서 자신의 장점을 읽어보아도 좋고, 자리에 앉아 한 명씩 돌아가며 자신의 장점을 이야기해 보아도 좋지요. 다양한 방법으로 장점 내용을 떠올려 보았다면, 장점 책 만들기 활동으로 들어가요.

먼저, 학생들에게 준비한 장점 책을 나눠주어요. 학생들에게 장점 책을 제시할 때는 학생들의 수준에 따라 만들기를 할 수 있는 학생들은 종이로 책을 함께 만들어 보아도 좋고, 그림을 그릴 수 있는 학생들에겐 코와 입만 잘라주고 얼굴형을 그려보도록 해도 좋아요. 또한 그림 그리는 것을 어려워하는 학생이나 "얼굴 못 그리겠어요."라며 자신 없어 하는 학생들은 교사와 함께 그리기 도구를 잡고 그려 보아도 좋고, 혹은 얼굴형까지 그려서 제시해요.

▲ 방법 1. 학생과 함께 만들기

▲ 방법 2. 코, 입 만들어 제시하기

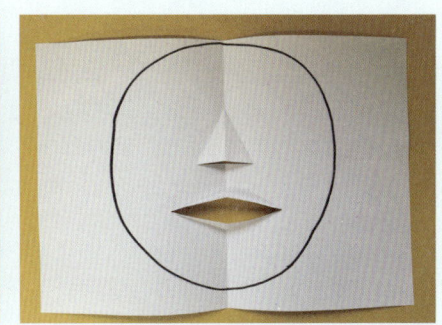
▲ 방법 3. 얼굴형 그려 제시하기

장점 책을 만든 다음, 얼굴 안에 눈, 눈썹, 머리카락 등을 자유롭게 그리고 색칠해요. 자신의 모습과 비슷하게 그리거나 자신이 원하는 색깔을 사용하여 내 얼굴을 만들어요. 얼굴을 완성하면 그 옆 공간에 '나와 친구의 장점 찾아보기' 활동에서 사용했던 활동지의 포스트잇을 옮겨 붙여요. 물론, 나와 친구들의 장점을 다시 한번 생각해 보고 새로운 포스트잇에 적어 붙여도 되고, 새롭게 발견한 장점들을 추가해서 써도 좋아요.

장점 책을 완성하였다면, 자신과 닮은 장점 책에 붙인 포스트잇 내용을 하나씩 읽으며 발표해 보아요. 지난 시간에 들었던 장점이라 할지라도 발표한 친구를 향해 "맞아. 너는 –을 잘해."처럼 긍정적인 말을 하거나 손뼉을 치며 응원해 주어요. 그리고 새로운 장점을 쓰고 읽은 친구를 향해서도 멋진 장점을 발견했다는 것에 대한 칭찬과 격려의 말을 해주어요. 학생들이 새로운 장점을 찾아낸 노력을 인정하고, 자신에게 새로운 가능성과 자신감을 느낄 수 있도록 지도해요.

발표하기 활동을 할 때, 한 학생이 "나는 자전거를 잘 타."라고 말해요. 그 내용을 들은 두 학생이 자신도 자전거를 잘 탄다는 것이 생각났는지 "나도 자전거 잘 타는데."라고 이야기하며 자신의 장점 책에 자전거 타기 장점도 추가하고 싶다고 해요. 이렇게 친구들의 장점을 들으며 그동안 생각하지 못했던 나의 장점을 발견하기도 하지요. 또 다른 학생이 자신은 풍선을 잘 분다고 말하니 "나는 풍선 무서운데 대단하다!"라고 이야기해요. 이처럼 **학생들은 나와 친구들의 공통점과 차이점을 발견하며 조금씩 서로의 다양성에 대해 존중하고 이해하기 시작하지요.**

▲ 장점 책 만들기 결과물

칭찬 상 만들기

이번에는 **이제까지 찾아본 학생들의 장점으로 칭찬 상을 만들어 볼 거예요.** 학생들은 장점 수업을 했을 때 만들었던 작품들을 보며 자신의 장점들을 살펴보아요. 이 활동에서는 자신이 받고 싶은 상을 정해도 좋고, 서로에게 어울리는 상 이름을 생각해서 정해도 좋아요.

교사는 "지금까지 다양한 활동을 통해서 나와 친구의 장점을 알아보았어요. 오늘은 활동을 마무리하면서 친구들이 잘하는 점, 칭찬할 점을 선택하여 칭찬 상을 만들어 볼 거예요."라고 말하며 활동을 설명해요. 그리고 학생들이 자신과 친구들에게 어울리는 상이나 받고 싶은 상 이름을 생각해 보도록 해요.

처음에 학생들은 여러 가지 장점 중에서 하나의 장점을 선택하는 것을 어려워하기도 하고, 장점을 선택했을지라도 장점에 어울리는 상 이름을 붙이는 것을 어려워해요. 따라서 학생들의 장점으로 다양한 예시를 들어주며 학생들이 쉽게 생각할 수 있도록 지도해요. "풍선을 잘 부는 친구에게 어떤 상 이름을 붙여주면 좋을까요? 선생님은 '풍선 상'이라는 상 이름이 생각났어요. 여러분들 생각은 어떤가요?"라는 질문에 학생들은 '풍선 상'부터 시작하여 '풍선 불어 상, 불어 상'과 같은 상 이름을 생각하기 시작해요.

자신과 친구들에게 어울리는 상 이름을 정했다면, 이제는 상장을 만들어 보아요. 이때 자신의 상장을 직접 만들어도 좋고, 서로의 상장을 만들어 주어도 좋아요. 미리 준비한 상장 틀을 학생들에게 나눠주며 받는 사람의 사진을 붙이고, 상 이름, 받는 사람의 이름, 장점 혹은 칭찬할 점, 날짜를 쓰도록 해요. 다 쓴 학생들은 여러 가지 스티커를 활용하여 주변을 꾸며 완성해요.

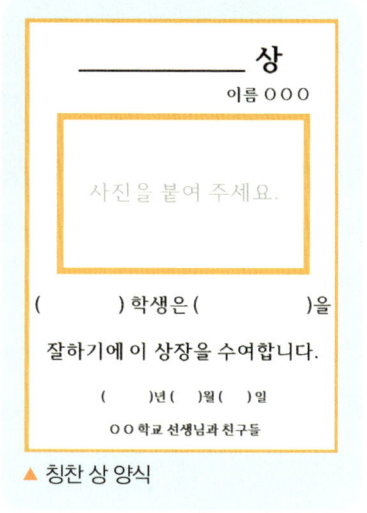
▲ 칭찬 상 양식

상장을 완성한 후에, 한 명씩 앞으로 나와 상장을 받아요. 이때 교사의 칭찬과 관심에 강화를 받는 학생들은 교사가 상장을 수여하고, 친구들의 칭찬과 관심에 강화를 받는 학생들은 친구들이 상장을 수여해도 좋아요. 앉아있는 학생들은 친구가 상장을 받으면 "축하해.", "잘했어."와 같은 축하의 말을 하거나 손뼉을 치며 축하를 하도록 지도해요. 이 과정에서 상장을 받는 학생은 누군가에게 인정받는 경험을 하며 자존감이 높아지고, 다른 학생들은 누군가를 인정하고 축하해 주는 경험을 하게 되지요.

이렇게 학생들 개별 상장을 만드는 방법도 있고, 아래 사진처럼 큰 색지에 학급 학생들의 사진과 잘하는 점(칭찬할 점), 상 이름을 넣어 **학급 칭찬 상을 만드는 방법도 있어요.** 한 장의 종이 안에 학급 친구들의 장점이 담겨있으니 학생들은 서로 잘하는 점이 다르다는 것을 더욱 명확하게 인식할 수 있게 되지요.

▲ 학급 칭찬 상

장점 나무 만들기

일상에서도 자신을 인정하고 서로를 존중하며 격려하는 마음을 가지는 것은 중요해요. 우리는 사회적 존재이기에 상호 의존적인 관계를 형성하고 다른 사람과 소통하며 함께 살아가야 하기 때문이지요. 다른 사람들과 긍정적인 관계를 맺기 위해서는 나 자신을 사랑하고 존중하는 마음, 상대방의 경험과 감정에 공감하는 마음, 다양성을 이해하고 인정하는 마음을 가지고 있어야 해요. 따라서 학생들이 장점과 관련된 활동이 끝난 후에도 계속해서 서로를 존중하고 격려할 수 있도록 학급 1년 활동으로 '장점 나무 만들기'를 진행해요.

장점 나무란 학생들이 일과 중에 친구들의 잘하는 점, 칭찬할 점을 발견하면 포스트잇이나 준비된 종이에 그 내용을 적고, 학급 게시판에 전시된 나무에 붙여보는 활동이에요. **학생들은 장점이 적힌 종이가 많아질수록 서로를 더 잘 알게 되고, 긍정적인 학급 분위기 속에서 성장하고 발전할 거예요.**

▲ 나무에 장점 카드 붙이기

장점 나무 활동에 사용되는 나무를 만들 때는 포스트잇이 잘 붙는 색 도화지로 만들기, 전지나 하드보드지 등 큰 종이에 나무 모양 그림 붙여 만들기, 펠트지로 나무 만들기, 시중에 파는 입체 나무 활용하기 등 다양한 방법으로 만들어요. 또한 나무 모양이 아닌 다른 모양이어도 괜찮지요.

▲ 색 도화지로 나무 만들기   ▲ 큰 종이에 나무 그려 만들기

장점 카드를 만들 때도 나무를 만든 것처럼 포스트잇 활용하기, '친구 이름, 칭찬할 점'이 담긴 양식 만들어 제시하기, 입체 나무에 걸어놓을 수 있도록 종이에 고리를 걸어 카드 만들기, 단단한 하드보드지나 코팅된 종이 위에 쓰고 지우기 편한 화이트보드 지를 붙여 카드 만들기 등의 다양한 방법으로 만들어요.

학생들이 카드에 내용을 작성할 때는 그림 그리기, 단어 따라 쓰기, 문장으로 나타내기와 같이 자신이 원하는 방법으로 자유롭게 친구의 잘하는 점, 칭찬할 점을 표현하도록 해요.

▲ 장점 카드 양식 ▲ 화이트보드 지를 붙인 종이

 **릴레이 수업**

짧은 귀 토끼

《짧은 귀 토끼》 책으로 릴레이 수업 나눔을 실시했어요.
첫 번째 수업은 주인공의 강점을 발견하고 나의 강점도 찾아보는 활동을 했어요.
두 번째 수업은 대상을 자신에서 주변으로 확장하여 친구들의 경험에 대한 격려와 위로의 말을 써보는 활동을 했지요.
세 번째 수업은 상대방을 위로하는 것에서 나아가 공감의 말을 직접 표현해보는 활동으로 확장하여 구성했어요.

첫 번째 수업

- 활동 ❶ 그림책 읽기
- 활동 ❷ 치유밴드 붙여주기
- 활동 ❸ 나의 강점 찾기

- 상 자신이 좋아하는 것과 강점을 말하고 글로 나타내기
- 중 자신이 좋아하는 것과 강점을 그림으로 나타내기
- 하 그림을 보며 자신이 좋아하는 것 선택하기

세 번째 수업

- 활동 ❶ 주인공의 감정 변화 살펴보기
- 활동 ❷ 경험 나누기
- 활동 ❸ 친구 공(감)-격(려)하기

- 상 상대방의 경험에 어울리는 공감의 말 문장으로 말하기
- 중 단어를 사용하여 공감의 말 하기
- 하 공감을 표현한 그림을 친구에게 전해주기

두 번째 수업

- 활동 ❶ 그림책 내용 파악하기
- 활동 ❷ 경험 나누기
- 활동 ❸ 생각 전하기

- 상 상대방의 경험에 어울리는 격려의 말 문장으로 쓰기
- 중 단어를 사용하여 격려의 말 쓰기
- 하 친구의 그림에 치유밴드 붙여 격려하기

> **참고** 수업 나눔일지(릴레이 수업)

《짧은 귀 토끼》로 릴레이 수업 나눔을 실시했어요.

첫 번째 수업으로는 주인공의 감정에 치유밴드 붙여주고 나의 강점을 찾아보는 활동을 했어요.

먼저, 그림책 속 주인공에게 격려해 주고 싶은 말을 생각해 보고 그 내용을 치유밴드에 쓰거나 그려보았어요. 완성한 치유밴드를 주인공에게 붙여주며 격려해 주었지요. 나아가 주인공처럼 내가 잘하는 점을 찾아보고 풍선을 꼭 안아주며 자기 자신을 격려해 주었어요.

활동내용	
	활동 1 '짧은 귀 토끼' 그림책 읽기 - 바른 자세로 앉아 이야기 듣기 - 그림책 장면 보며 질문에 알맞은 답하기
	활동 2 치유밴드 붙여주기 - 주인공에게 격려해 주고 싶은 말을 쓰거나 그림 그리기 - 주인공에게 치유밴드 붙여주며 격려하기
	활동 3 나의 강점 찾기 - 자신의 강점을 글이나 그림으로 표현하기 - 풍선에 눈, 코, 입 그려 내 얼굴 완성하기 - 풍선을 자기 자신이라 생각하며 꼭 안아주기

두 번째 수업으로는 친구들과 속상했던 경험을 나누고 그 경험에 치유밴드를 붙여주는 활동을 했어요.

먼저, 친구들과 속상했던 경험에 관해 이야기 나누고 그 내용을 그림으로 그려보았어요. 그림을 보며 격려해 주고 싶은 말을 적어 치유밴드를 완성하였지요. 완성된 치유밴드를 친구들의 그림에 붙여주며 격려와 위로를 해주었어요.

활동 내용	**활동 1** 그림책 내용 파악하기 – 그림을 보며 이야기 나누기 – 주인공의 감정 변화 살펴보기
	활동 2 경험 나누기 – 자신이 부족하다고 느끼는 점이나 그로 인해 속상했던 경험 말하기 – 이야기한 내용을 그림으로 표현하기
	활동 3 생각 전하기 – 친구의 경험에 대한 위로나 좋은 생각을 치유밴드 쓰거나 그리기 – 친구 그림에 치유밴드 붙여 격려하기

세 번째 수업으로는 친구의 속상했던 경험에 대해 공감과 격려의 말을 전하는 활동을 했어요.

먼저, 깨진 하트에 속상했던 경험을 그리거나 쓰고, 친구의 깨진 하트에 치유밴드를 붙여주며 위로와 격려를 해주었지요. 그리고 친구에게 공을 전달하며 속상했던 마음을 말로 표현해 보았어요. 공을 받은 학생은 친구에게 위로의 말을 해주며 상대방을 격려하는 연습을 하였지요.

활동 내용	**활동 1** 주인공의 감정 변화 살펴보기 – 그림책 속 주인공의 감정 변화 알아보기 – 감정 변화에 따른 주인공의 표정 그리기
	활동 2 경험 나누기 – 속상했던 경험 이야기 나누기 – 깨진 하트에 속상했던 경험 쓰거나 그리기 – 친구의 깨진 하트에 위로나 격려의 말을 적은 치유밴드 붙이기
	활동 3 친구 공(감)–격(려)하기 – 둥글게 앉아 한 사람씩 속상한 마음을 표현하고 공 전달하기 – 공 받은 학생은 공–격의 말로 친구 위로하기

특수교사의 특별한 TIP

학생들이 '짧은 귀 토끼' 그림책처럼 글자가 많은 책을 처음부터 끝까지 주의 집중하여 듣고 내용을 이해하는 것은 힘들 수 있어요. 이때 교사가 학생들과 대화하듯이 책을 읽어주면 학생들이 집중하여 내용을 들을 거예요. 혹은 글자를 다 읽지 않고 교사가 요약하며 짧게 읽어주어도 좋고, 목소리가 녹음된 파일을 들려주거나 해당 그림책과 관련된 영상 자료를 함께 보여주어도 좋아요. 또한 손 인형극을 하며 그림책을 읽어주면 학생들이 관심을 가지고 이야기를 들을 거예요. 다양한 방법을 활용한 그림책 읽기 수업은 학생들이 글자가 많은 책을 즐겁게 읽고 이해할 수 있도록 도와주지요.

이런 책도 있어요.

《뾰쪽뾰쪽해도 괜찮아?》 변지율 글·그림, 슬슬, 2016.
《내 꼬리는 어디 있지?》 유보배 글, 주미영 그림, 맑은물, 2023.
《버니비를 응원해 줘》 박정화 글·그림, 후즈갓마이테일, 2020.

샤를의 기적
알렉스쿠소 글
필리프-앙리튀랭 그림
키즈엠

샤를의 마음을 들여다보아요

커다란 두 발과 엄청나게 크고 긴 날개를 가진 샤를이 마침내 하늘을 날았어요. 샤를, 하늘을 나는 건 어떤 기분이야?

"샤를은 자신의 모습 때문에 외롭고 힘든 시간을 보내면서도 자신이 좋아하는 것을 놓치지 않아요. 살아가면서 어려움을 만나게 되었을 때 어떻게 극복해 나가면 좋을지 샤를이 기적을 만들어 내는 과정을 따라가며 우리도 할 수 있다는 마음을 갖도록 수업을 디자인해요."

동기유발

앞표지와 뒤표지를 하나로 펼치면 하늘과 구름, 봉우리에 서 있는 샤를이 한눈에 보여요. 주인공의 이름을 알려주고 어떤 모습인지, 하늘을 날고 있는 새들과 달리 샤를은 왜 날지 않는지, 구름 위 봉우리에는 어떻게 올라왔는지 등 표지를 보며 이야기를 상상해 보아요.

앞면지와 뒷면지에는 똑같이 많은 드래곤들이 있어요. 그 중 '샤를'이 어디에 있는지 찾아보아요. 샤를에 대한 정보가 없는 상태이기 때문에 앞면지에서는 대부분 샤를을 찾기 어려워해요.

읽기 중 동기유발 활동으로, 늘 샤를 곁에 있는 파리를 찾아보아요. 첫 번째 책을 읽을 때는 파리에 대해 따로 얘기하지 않고 읽어요. 끝까지 다 읽고 난 후 학생들에게 파리에 관해 물어보면 모르는 경우가 많아요. 다시 책을 읽을 때 파리를 찾으며 읽다 보면 책에 더욱 흥미를 느끼게 돼요.

 **인물의 마음을 읽어요**

다른 사람과 관계를 맺다 보면 나와 관심사가 비슷하거나 이야기가 잘 통하는 사람이 있어요. 그런 사람과는 자주 만나고 싶고, 더 오래 있고 싶어지기 마련이에요. 그림책도 마찬가지예요. 읽을수록 재미있고, 읽다 보면 새로운 것이 보이는 그림책들은 읽을 때마다 각 장면, 부분마다 학생들과 어떻게 활동할지 아이디어가 떠오르게 돼요.

그런 의미에서 '샤를의 기적'은 판형 크기(가로 28.5cm, 세로 40.5cm)에서부터 시선을 사로잡는 큰 그림책이에요. 이 책은 면지에서부터 이야기가 시작되는데 그림만 있는 이 부분부터 어떻게 읽어주면 좋을까요?

생동감 있게 읽어주기

학생들은 눈에 보이지 않는 마음을 이해하기가 어려울 수 있어요. 인물의 마음을 이해하려면 인물의 마음이 눈에 잘 보여야 하는데 그러기 위해서는 '읽어주기', 그 중에서도 '호기심을 자극하며' 읽어주는 것이 중요해요.

학생들은 주의집중 시간이 짧아서 이야기가 길어지면 다른 것에 시선을 돌리는 경우가 많아요. 이야기가 끝날 때까지 학생들의 시선이 책과 교사에 머물도록 하기 위해서는 호기심을 자극해 주어야 해요. 면지를 펼치면 화려한 색감을 자랑하는 많은 드래곤들이 보이고 학생들 눈이 일제히 동그랗게 돼요.

> **대화 예시**
>
> **교사:** 자, 여기 드래곤들이 아주 많이 있어요. 우리 샤를을 한 번 찾아볼까요?
> **학생 1:** (손가락으로 가리키며) 여기요.
> **학생 2:** (손가락으로 가리키며) 여기요.
> **교사:** 여러분이 가리킨 이 드래곤이 샤를이 맞을지 다음 이야기를 읽으면서 확인해 볼까요?
> *맞다, 틀리다를 말하지 않고 이야기를 이어가요.

샤를이 쓴 시를 읽을 때는 한껏 과장되게 읽어주는 것이 좋아요. 샤를은 시를 아주 좋아하는 드래곤이기 때문에 자신이 좋아하고 잘한다고 생각하는 것은 뽐내는 듯한 몸짓을 하며 읽어주어요.

화산이 폭발하여 샤를이 아래로 떨어지며 시를 읊는 장면은 샤를처럼 몸을 바닥으로 떨어지듯 움직이며 "엄마 안녕, 아빠도 안녕"하며 읽어주어요. 교사의 몸짓과 시를 기억하는 학생은 다음 날에도, 그다음 날에도 교사와 같은 억양으로 "엄마 안녕, 아빠도 안녕" 하며 시를 읊기도 해요.

하늘을 나는 방법을 배우고 나서 집으로 돌아가는 장면은 샤를과 친구들의 모습이 극명하게 대비돼요. 드래곤의 몸 색깔과 배경도 대비되어 샤를의 마음이 고스란히 드러나 보여요. 친구들은 모두 웃으며 다 같이 하늘을 날아서 집으로 돌아가지만 샤를은 긴 날개를 축 늘어뜨린 채 걸어가요. 힘없이 터덜터덜 걸어가는 모습으로 샤를의 외로움, 실망감, 위축된 마음을 표현할 수 있어요.

샤를이 파리의 조언을 듣고 날개를 펼치고 하늘을 날며 "내가 날고 있어!"라며 소리치는 장면은 목소리 톤을 높게, 표정도 밝게 하여 놀라움과 기쁨을 표현해요.

스스로 글을 읽으면서 그림의 의미까지 이해하는 것이 어려운 학생들에게 교사의 생동감 넘치는 '읽어주기'는 인물의 마음을 이해하는 아주 중요한 열쇠가 될 거예요.

일이 일어난 차례대로 이야기 정리하기

교사가 읽어주는 이야기를 들으며 인물의 변화무쌍한 마음 상태를 눈으로 확인하였다면, 상황에 맞는 주인공의 마음을 이해하는 활동으로 넘어가요. 그전에 먼저 어떤 일이 어떤 순서로 일어났는지 알아보기로 해요. 이야기의 흐름을 알고 그 흐름에 따라 인물의 마음 변화를 이해하는 것이 중요하기 때문이에요. 이야기의 흐름을 알아보는 수업에서 우리가 많이 하는 활동 중의 하나는 이야기를 듣고 나서 '일이 일어난 차례대로 그림 나열하기' 활동이에요.

'샤를의 기적'은 내용이 길어서 학생들이 스스로 전체의 내용을 정리하기에 어려움이 있어요. 그래서 **인물의 감정 변화가 드러나는 장면을 간추려 제시해요.** 이야기의 시작 부분인 샤

▲ 차례대로 이야기 정리하기

를이 태어나는 장면과 시를 좋아하여 시를 읊으며 뽐내는 장면, 학교에 가서 외톨이가 되는 장면, 걸어서 집으로 돌아가는 장면, 학교 축제 날 장면, 붉은 화산으로

가는 장면, 화산이 폭발하여 떨어지는 장면, 파리의 존재를 알게 되는 장면, 날개를 펼치고 하늘을 나는 장면, 이렇게 아홉 개의 장면을 제시해요. 각 장면의 그림을 보며 샤를의 표정과 몸짓을 중심으로 이야기를 나누며 순서대로 그림을 붙여요. 그리고 나서 학생들과 그림을 보며 한 문장 만들기를 해요.

문장 쓰기가 가능한 학생은 교사와 만들었던 문장을 떠올리며 그림에 어울리는 문장을 쓰도록 하고, 단어를 쓸 수 있는 학생은 빈칸에 단어 쓰기, 쓰기 활동이 어려운 학생은 덧쓰기나 같은 글자 찾아서 스티커 붙이기를 하며 문장을 완성할 수 있어요. 이렇게 그림을 붙이고 문장을 완성하는 과정을 통해 이야기의 내용을 상기하고 기억하는 데 도움이 되어 다음 활동에 더욱 쉽게 참여할 수 있어요.

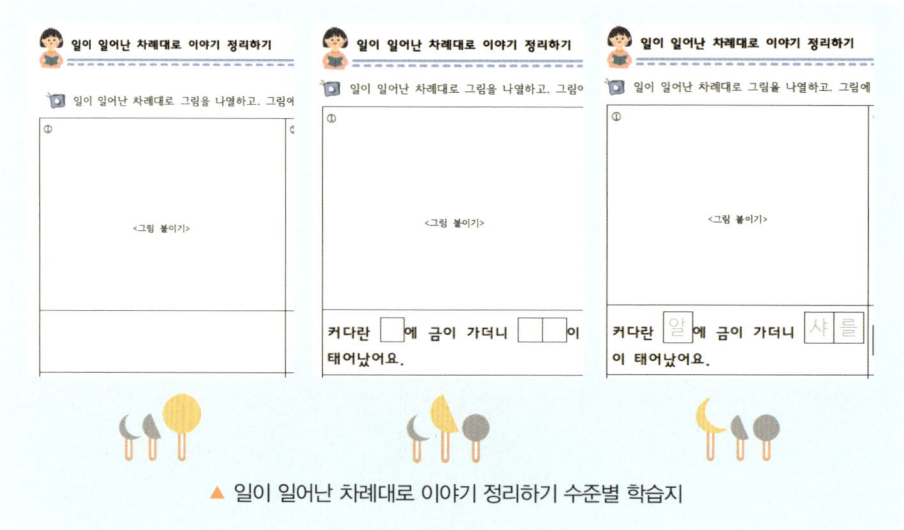

▲ 일이 일어난 차례대로 이야기 정리하기 수준별 학습지

주인공의 마음 이해하기

다음으로, 각 상황에 맞는 인물의 마음을 알아보는 활동으로 이어가요. 이 활동을 할 때 학생들이 스스로 감정을 말하기가 어렵다면 앞서 '오늘 내 기분은'에서 활

용했던 감정 카드를 사용하면 좋아요. 너무 많은 감정 카드를 사용하기보다는 이야기 장면에 맞게 9~11장 정도의 카드를 사용해요. 감정 카드를 제시할 때는 아홉 장의 카드를 한꺼번에 제시하지 않고 서너 장 정도의 카드를 제시하여 선택하도록 해요.

샤를이 시를 읊으며 뽐내는 장면에서는 '자랑스럽다'. 학교에서 외톨이가 되었을 때는 '슬프다'. 파리의 존재를 알게 되는 장면에서는 '놀라다'. 날개를 펴고 하늘을 날 때는 '기쁘다.'라는 감정을 선택할 수 있어요. 각 장면에 따라 정해진 정답은 없지만, 감정에 대해 배우는 우리 학생들에게는 '이런 표정과 몸짓일 때는 이런 기분이란다.'를 알려주는 것이 필요하기도 해요.

한발 더 나아가 샤를의 마음을 학생들의 상황과 비교해 보는 활동을 해보기로 해요. 어떨 때 샤를과 비슷한 기분을 느끼는지 알아보는 거예요. '나는 이럴 때 샤를처럼 이런 기분이었다.'라고 생각하면서 자신의 감정을 하나씩 알아차리도록 하는 활동이지요.

"내가 아이스크림을 먹었을 때나 친구들이 손뼉 쳐줄 때, 내가 할 일을 스스로 해냈을 때는 샤를처럼 기뻐.", "친구들이 놀릴 때나 혼날 때는 샤를처럼 슬프지."

▲ 기쁜 표정의 샤를　　　　　　▲ 슬픈 표정의 샤를

 인물에게 마음을 전해요

친구와 기쁨을 나누고, 슬픔을 이야기하고, 속상한 일을 공감받는다면 기쁨은 두 배가 되고, 슬픔과 속상한 마음은 반으로 줄어들 거예요. 나는 친구에게 어떤 말을 해줄 것인지, 나는 친구에게 어떤 말을 듣고 싶은지 물어보면 모두 비난, 질책보다는 격려와 위로, 공감의 말을 듣고 싶어 할 거예요. 그렇다면 우리는 서로 격려나 위로의 말을 주고받고 있는지, 친구의 실수를 비난하지는 않는지, 나와 다르다는 이유로 따돌림을 하지 않는지 생각해 봐요. 샤를은 친구들에게 어떤 말을 듣고 싶어 할지, 샤를에게 어떤 말을 해주면 좋을지, 상황에 어울리는 말을 알아보고 샤를에게 위로의 말을 건네기, 장면을 보고 댓글을 달아보는 활동을 해보아요.

비난과 격려의 말하기

우리는 '짧은 귀 토끼' 활동에서 비난하는 말과 격려하는 말을 알아보았어요. 그때 만들었던 비난하는 말과 격려하는 말 자료를 보며 학생들이 **직접 격려와 비난의 말을 하고 들어보면서 어떤 기분이 드는지 경험해 보는 시간을 가질 거예요.** 상처받을 수도 있으니, 마음을 단단히 먹어야 해요.

활동 방법은, 사진에서 보듯이 한 학생을 가운데 앉히고 다른 학생들은 그 학생을 둘러싸고 서도록 해요. 교사의 선창으로 서 있는 학생들이 다 같이 비난하는 말을 해요. 처음에 생글생글 웃으며 앉아있던 학생은 "너 때문이야.", "야, 하지마!" 등의 비난하는 말을 듣더니 점점 웃음기가 사라지고 얼굴이 일그러지면서 화가 난 듯이 얼굴색이 붉어지기도 해요. 그러면서 "하지마, 그만해."라고 정색하며 말해요. 반대로 "네가 최고야", "잘했어." 등의 격려하는 말을 들은 학생은 기분이 풀리면서 표정이 밝아져요. 비난과 격려의 말을 들었을 때 어떤 기분이었는지는 굳이 말로 하지 않아도 학생의 표정으로 알 수 있어요. 우리는 비난보다는 격려의 말을 좋아하고 듣고 싶어 한다는 것도 알 수 있어요.

학생들은 스스로 격려의 말을 하는 것을 어려워하기도 해요. 그래서 학생들이 학교에 있는 시간 동안 교사는 학생들에게 칭찬과 격려를 담은 말뿐만 아니라 몸짓,

▲ 비난하는 말하기 활동

표정 등의 비언어적 표현을 많이 해주어야 해요. 학생의 말 주머니가 충분히 차오르면 학생의 입에서 교사가 했던 칭찬과 격려의 말이 흘러나오는 순간이 오고, 언어적 표현이 어려운 학생도 몸짓과 표정, 행동의 비언어로 표현하는 순간이 올 거예요.

주인공에게 위로의 말 건네기

이야기의 여러 장면에 걸쳐 샤를은 상처받고 슬퍼하고 외로워해요. 엄마, 아빠의 칭찬을 받으며 자신이 정말 대단한 시인인 줄 알았던 샤를은 학교에 가서 친구들과 다른 생김새 때문에, 다른 친구들처럼 멋지게 불을 뿜지도 못하고 날지도 못한다는 이유로 친구들의 놀림거리가 되고 말아요. 샤를 옆에서 샤를에게 용기를 북

돋아 주었던 파리처럼 우리도 **샤를에게 위로와 격려의 말을 해주어요.**

이번에는 샤를의 날개를 살짝 빌려보려고 해요. 우리에게도 위로와 격려가 필요한 순간이 있거든요. **샤를의 날개를 교실 벽면에 붙여 '격려의 포토존'을 만들어요.** 공부하다가 힘들거나 어려워서 기분이 울적해진 친구가 격려의 포토존으로 이동하면 친구를 위해 우리가 출동해요. 포토존에 있는 친구에게 샤를의 날개에 써진 위로와 격려의 말을 건네요. 그러면 친구는 다시 도전할 수 있는 힘을 얻게 될 거예요.

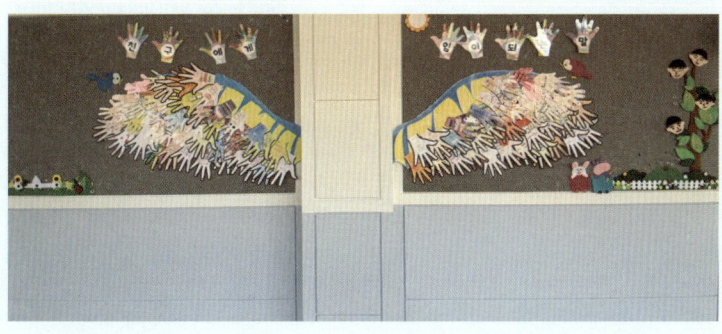

▲ 격려의 포토존

장면 보고 댓글 달기

요즘은 온라인상에서 영상이나 게시물을 보고 나서 '좋아요'를 누르거나, 댓글을 쓰는 것이 일상적인 행위예요. 그래서 이번 활동에서는 학생들과 댓글 달기 활동을 해 보기로 해요. SNS 게시물 형식의 학습지에 샤를의 기분이 드러난 장면을 삽

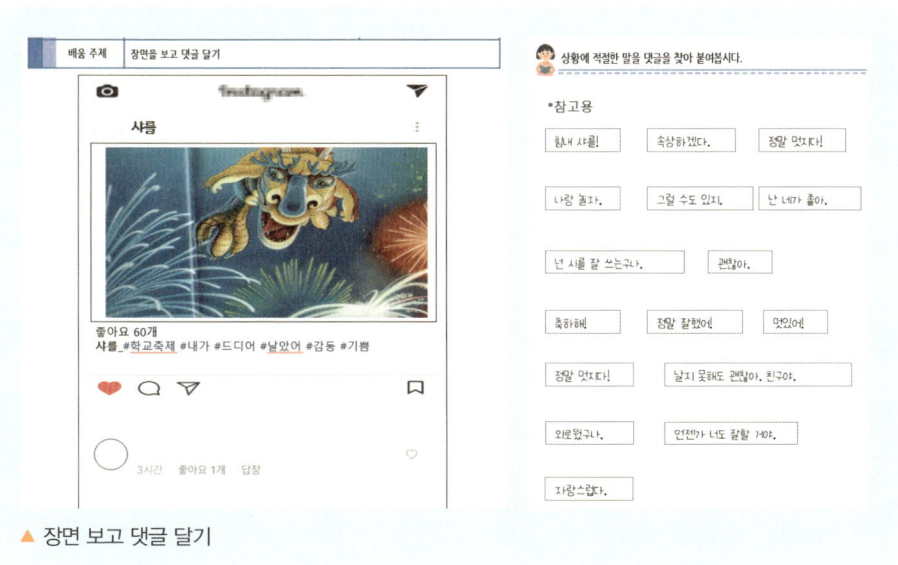

▲ 장면 보고 댓글 달기

입히고 학생들에게 하트를 그리거나 스티커를 붙여 '좋아요'를 표현하도록 해요. 스스로 댓글을 쓸 수 있는 학생은 짧게 댓글을 달도록 하고, 쓰기 어려운 학생은 예시 문장을 제시하고 장면과 어울리는 댓글을 찾아 붙이도록 해요.

 **인물이 되어 보아요**

우리 학생들에게 끊임없이 '마음'에 대해 알려주고 '감정'을 물어보는 이유가 무엇일까요? 사회 구성원으로, 다른 사람들과 '소통'을 하며 살아가는 방법을 알려주기 위함일 거예요. 다른 사람들과 소통하려면 상대가 어떤 상황에서 어떤 기분일지 아는 것은 중요해요. 앞에서 한 활동들을 통해 학생들은 샤를이 처한 상황을 알아보고, 샤를이 어떤 기분일지 생각하며 샤를에게 위로와 격려의 말을 전하는 활동을 해보았어요.

지금까지 한 활동들이 비슷하면서도 조금씩 발전되면서 하나의 목적을 향하고 있다는 걸 알아차리셨나요? 이 활동들의 목적은 **인물의 감정 알기와 그 감정을 표현해 보는 것**이에요.

한 그림책으로 다양한 활동을 하는 과정에서 반복해서 그림책을 보고, 이야기를 듣고, 여러 번 그림을 눈으로 익히게 되면 어떤 일이 일어나는지 아시나요?

자신이 좋아하는 그림책이 생기고, 책꽂이에서 책을 가지고 와서 읽어달라고도 하고(아직 스스로 읽기 어려운 학생), 그림책마다 특별히 좋아하는 단어나 문장이 생기기도 해요. 자신이 좋아하는 문장이 나올 때쯤이 되면 한껏 들떠서 기대하는 모습은 귀여움 그 자체예요.

우리 학생들에게 '낯설음'은 '불안'이에요. 처음 접하는 그림책은 학생들에게 새로운 것, 낯선 것이지요. 그렇지만 반복을 통해 익숙한 것이 되고, 익숙함을 통해 편안함을 느끼게 돼요. 이렇게 낯선 것이 편안함으로 이어졌던 경험은 학생들에게 낯설고 새로운 것을 수용하는 마음의 폭을 넓게 만들어줘요.

이번 활동에서는 인물의 감정을 더 깊게 경험하도록 이야기 들려주기, 이야기 듣고 표정을 상상하여 표현하기, 역할극을 해볼 거예요.

이야기 들려주기

주로 이야기를 듣는 입장인 우리 학생들이 이번에는 **화자(話者)가 되어 이야기를 들려주는 역할을 해보는 거예요.** 지금까지 샤를의 이야기를 알아보았지만, 학생들이 술술 이야기하기는 어려워요. 그래서 앞서 했던 '일이 일어난 차례대로 이야기 나누기'를 통해 정리한 이야기를 활용해서 연습해 볼 거예요.

처음에는 활동지의 그림이나 문장을 보고 그대로 읽거나 교사가 말하는 것을 따라 말해요. 학생이 말하는 것을 녹음하여 들려주고 자신의 목소리가 어떤지, 말하는 내용이 잘 들리는지 함께 확인해요.

다음으로는 학생이 이야기하는 모습을 영상으로 촬영해요. 촬영한 영상을 TV로 보여주면 학생들은 화면에 나오는 자신의 모습을 보는 것 자체를 좋아하기 때문에 잘한 부분과 좀 더 연습할 부분을 알려주었을 때 대

▲ 이야기 들려주는 모습

체로 거부감 없이 잘 받아들여요. 두 번, 세 번 연습하면 점점 나아지는 걸 눈으로 확인할 수도 있어요.

이 활동을 한 차시로 끝내기에는 내용도 많고, 지도해야 할 부분도 많아요. 또한 우리 학생들에게 꼭 필요한 반복 연습을 위해 여러 번 해보는 것을 추천해요.

점차 익숙해지면 학생과 질문-대답하기를 하며 대화하듯 해보는 것도 좋아요. 친구들 앞에 나와서 이야기하다 보면 아무래도 긴장하여 딱딱한 모습을 보일 수 있는데 대화하듯 하면 자연스럽게 이야기를 할 수 있어요. 학생 이야기가 끝나면 "○○아, 이야기 들려줘서 고마워.", "○○이가 이야기하는 걸 들으니, 샤를이 된 것 같아." 등의 피드백으로 학생에게 성취감을 느끼게 해주어요.

인물의 모습을 상상하여 표현하기

인물의 모습을 상상하여 표현하기 활동은 샤를의 표정을 보고 각 상황에 맞는 인물의 마음을 알아보았던 '주인공의 마음 이해하기'에서 한 단계 발전한 활동이에요.

인물의 상황과 표정, 몸짓을 보고 감정 카드로 인물의 감정이 어떤지 알아보았다면, 이 활동은 이야기를 듣고 인물이 어떤 기분일지 표정을 그려 넣는 거예요.

학생들에게 얼굴에서 눈, 코, 입이 빠진 샤를의 모습을 코팅한 자료와 보드마카, 다양한 눈, 코, 입 스티커를 제시해요. 그리고 학생들과 이야기를 나누면서 상황을 제시해요. 엄마, 아빠가 샤를의 시를 칭찬해 주었을 때, 친구들이 놀려 외톨이가 되었을 때, 혼자만 날지 못하고 걸어서 집으로 갈 때, 날개를 활짝 펼치고 날았을 때 샤를이 어떤 기분이었을지, 그런 기분일 때는 어떤 표정일지 생각해서 보드마카로 그리거나 눈, 코, 입 스티커를 선택하여 샤를의 얼굴에 붙여요. 학생들이 직접 표정을 지어보거나 앞서 '주인공의 마음 이해하기' 활동지가 있다면 비교해 보는 것도 좋아요.

▲ 인물의 모습 상상하여 표현하기

역할극 하기

학생들이 **이야기 속 인물의 마음을 헤아리고 감정이입을 경험하기 가장 좋은 활동**은 '역할극'이라고 생각해요. 그러나 역할극을 하기까지 준비하고 연습하는 과정이 쉽지만은 않아요.

《샤를의 기적》을 역할극으로 표현하면 어떤 모습일지 알아보기로 해요.

대본을 작성하기

책의 그림을 보고 내용을 떠올리며 각각의 인물이 어떤 말을 했는지 학생들과 이야기 나누며 대사를 정해요. 인물별로 대사는 간단하게 작성하는 것이 좋아요.

▶ 역할별 대본

#해설
1821년 4월 9일. 세상은 아주 고요했어요. 바람 한 점 불지 않는 골짜기에는 짙은 안개가 자욱했지요. 바로 그 날. 산꼭대기 드래곤의 둥지에서 놀라운 일이 벌어지고 있었어요.
(쩌억 쩍 알에 금이 가면서 샤를이 태어났다.)
엄마: 오~샤를! 예쁜 우리 아가! (샤를을 품에 안는다.)
#3년 후
샤를: 하늘에는 매일 새로운 태양이 떠오르고 눈부신 빛은 넓디넓은 세상을 가득 채워요. 땅은 우뚝 솟아 산이 되었고, 물은 졸졸 흘러 냇물이 이루었어요. 세상은 정말 놀라워요.
아빠: 샤를. 아주 멋진 시구나.
엄마: 아마 세상에서 가장 멋진 시일 거야.

▲ 대본 예시

역할 정하기

학생의 선호와 표현 능력을 고려하여 역할을 나눠요.
*청각장애가 있어 발음에 한계가 있는 학생에게는 본인 차례가 되었을 때 학생이 발음 가능한 단어만 말을 하거나 연습 과정에서 천천히 말한 것을 녹음하여 역할극을 할 때 녹음한 것을 재생하는 방법을 사용할 수도 있어요.

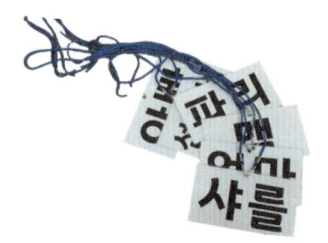

소품 준비하기

샤를의 날개를 그릴 때는 큰 크기의 종이를 준비해요. 샤를의 특징이 잘 드러나도록 날개를 크게 표현하는 것이 좋아요.

소품을 준비할 때 학생이 직접 그리거나 만들 수도 있어요. 사진의 학생은 평소 교사의 그림 실력을 알고 있던 터라 교사가 그림을 그리는 것을 보더니 "선생님, 제가 그려 볼게요." 하며 도움을 주었어요. 학생이 그린 날개가 참 멋지지 않나요?

이렇듯 역할극 준비에 학생을 동참시키면 자신이 기여했다는 것에 보람을 느끼고 보다 애정을 가지고 적극적으로 활동에 참여해요.

▲ 샤를의 탄생 알   ▲ 샤를 날개 만들기

연습하기 및 역할극 하기

특수학급 운영의 특성상 다 같이 모여 연습할 시간이 많지 않고, 학생들이 역할극을 해 본 경험이 많지 않기 때문에 시간을 오래 두고 천천히, 반복하여 연습하는 것이 좋아요.

연습하는 과정을 영상으로 촬영하여 화면 속 모습을 보며 피드백을 하고 수정·보완을 거쳐 실제 역할극을 해요.

자신이 맡은 역할에 몰입하면서 목소리 톤이나 몸짓, 표정을 달리하여 표현하는 것을 보면 정말로 이야기 속의 인물들이 되어 가는 것을 볼 수 있어요.

실제 공연하는 것처럼 무대를 꾸미면 더할 나위 없이 좋겠지만 소품을 장착하고 대사를 주고받는 것만으로도 학생들은 뿌듯함과 성취감을 느낄 수 있어요.

▲ 역할극 하는 모습

특수교사의 특별한 TIP

▶ **책 읽어줄 때**

이 책은 글을 잘 읽는 학생에게도 교사가 읽어주는 것을 추천해요. 샤를의 감정 변화가 눈에 보이도록 읽어주는 것은 학생들이 인물의 마음을 이해하는 데 도움이 될 거예요.

▶ **숨은 조력자, 파리**

샤를에게 파리는 중요한 존재예요. 평소에는 파리의 존재를 눈치채지 못하다가 결정적인 순간에 샤를에게 중요한 조언을 해주고 샤를은 자신의 능력을 마음껏 펼치며 기적을 이뤄내요. 우리는 누구에게나 눈에 보이지 않는 파리 한 마리가 있어요. 학생들과 함께 나의 숨은 조력자(나에게 도움이 되는 존재)가 누구인지 생각해 보고 고마움을 표현하는 시간을 가져보는 것도 좋아요.

▶ **이런 책도 있어요.**

《샤를의 모험》 알렉스쿠소 글, 필리프–알리 튀랭 그림, 키즈엠, 2013.

《슈퍼 거북》 유설화 글·그림, 책읽는곰, 2014.

《민들레사자의 꿈》 요코 다나카 글, 진선아이, 2022.

PART 03

새싹 문해력

1. 단어수집가
2. 말하면 힘이 세지는 말
3. 감자가 만났어

문자와 글에 대한 이해를 바탕으로 읽고 쓰는 능력을 문해력이라고 해요. 특수교육 대상 학생들은 읽고 쓰는 능력뿐만 아니라 사회에서 다양한 사람들과 함께 어울려 살아갈 수 있도록 의사소통 능력을 길러 주는 문해력이 필요해요.

3장에서는 문자 읽고 쓰기에서 더 나아가 긍정의 말로 의사소통하기까지 언어의 모든 영역을 포함하여 '새싹 문해력'으로 정의해요.

새싹 문해력에서는 그림책을 활용하여 한글 자·모음부터 문장 만들기, 짧은 글쓰기 단계로 확장할 뿐만 아니라, 말의 힘을 이해하고 긍정적인 언어 습관 기르기, 꾸며주는 말로 자신의 생각과 느낌 표현하기를 지도해요.

나만의 이야기 만들기
그림에 알맞은 낱말 찾기
긍정의 말 **시 쓰기** 한글 벽화 꾸미기
내가 경험한 일
음절 익히기
오디오북 만들기
나만의 책 만들기
퍼즐 맞추기 단어수집하기 자존감 향상
태블릿PC 활용하기 문해력
자모음 익히기
감사 나의 강점 **낱말 익히기**
글쓰기
백과사전 만들기 꾸며주는 말 한글게임
말놀이 하기
계기교육 채소·과일 특징 익히기 **말의 힘**
의사소통 책 소개하기
문장 만들기 언어
습관
힘이 세지는 말

교사 학습공동체 '그림책아 놀자' 활동을 하며 특수교육 대상 학생들의 새싹 문해력 지도에 대한 수업 나눔에서 가장 많이 나온 핵심 주제어는 '한글 미해득 학습(자모음 익히기)'이에요. 특수교사들이 가장 고민하는 부분은 교육과정 재구성을 통해 학생들의 개개인성에 맞는 역량을 어디에 초점을 두고 지도하는가예요. 통합학급 교사, 보호자, 학생들의 수준과 요구를 파악하여 학생들의 개별화 교육계획을 수립하고 작성해요. 유기적으로 살아 움직이는 것처럼 변화에 따라 학생들의 관심도를 맞춰가는 교사 역량이 필요해요. 특히 문해력 중에서도 한글 교육과 관련해서 그림책 활용 수업에서도 교사의 역량을 빼놓을 수 없죠. 교사는 글자가 없는 그림책에서부터 단어중심, 문장 중심으로 다양한 재료로 활용할 수 있는 그림책을 통해 수준이 다양한 학생들을 지도해요. 나아가 학생들은 언어적 상상력과 놀이를 통해 표현력과 사고가 확장돼요.

단어수집가
피터 레이놀즈 글, 그림
문학동네

문장으로 쓰고 싶어요

단어수집가 제롬은
세상의 모든 단어를 함께 나누고 싶어 해요.

"한글 익히기라는 하나의 큰 산을 넘은 아이들은 문장 쓰기, 나아가 글쓰기라는 또 다른 산을 만나게 돼요. 주변에 있는 익숙한 단어들을 '수집'하는 활동과 수집한 단어들로 다양한 게임을 하면서 문장을 만들어 보는 활동을 통해 즐겁게 산을 넘어갈 수 있도록 수업을 디자인해요."

동기유발

오늘 배워야 할 단어가 적힌 쪽지를 교실에 미리 숨겨 놓고, 정해진 시간 내에 단어 보물을 찾아보아요.

우리 학교 사진을 보며 장소 이름을 이야기해 보아요.
학교 행사(체육대회 등) 사진을 보며 어떤 일이 있었는지 이야기해 보아요.

학생 이름에 들어가는 음소와 같은 모양의 물건을 교실에서 찾아와 학생들이 알고 있는 음소를 이야기할 수 있어요.

가정이나 학교에서 학생이 좋아하는 물건을 수집해 친구들에게 소개할 수 있어요.

 음소-음절-낱말을 익혀요

특수교육 대상 학생들은 다양한 학습 수준 및 특성이 있어 학생마다 개별화된 교육 방법으로 지도하는 것이 중요해요. 그래서 특수교사는 같은 학습 목표를 가지고 수업하더라도 학생의 강점이나 흥미, 장애 특성 등을 고려하여 다양한 방법으로 수업을 운영해요. 이러한 다양한 특성을 가진 학생들의 새싹 문해력 발달을 위해 음소-음절-낱말 단계별로 지도해요.

음소(자·모음) 익히기

새싹 문해력을 키우기 위한 첫 단추는 음소와 친숙해지도록 하는 것이에요. 음소와 친숙해지기 위해서 음소 만들기라는 작은 단계에서부터 음소를 찾아보는 활동으로 나누어 구성해요.

음소 만들기는 색종이, 점토, 모루 등을 활용하여 학생이 음소를 직접 만들어 보고, 내가 만든 음소 모양을 보고 생각나는 동물이나 음식 등을 떠올려 보아요. 예를 들어 'ㄱ'의 모양을 보고 '기린'을 떠올리면서 '기린'이라는 글자는 'ㄱ'의 음소가 들어가는 것을 자연스럽게 익힐 수 있어요. 이때, **획의 위치, 방향**이 달라지면 다른 음소가 된다고 알려주는 것도 좋아요. 음소를 만드는 여러 가지 재료 중 모루는 쉽게 구부릴 수 있어서 안전하고 학생들이 쓰기 편해요. 또 색깔도 다양해서 자음과 모음을 구별해서 만들 수 있어 학생들이 시각적으로 쉽게 변별할 수 있어요.

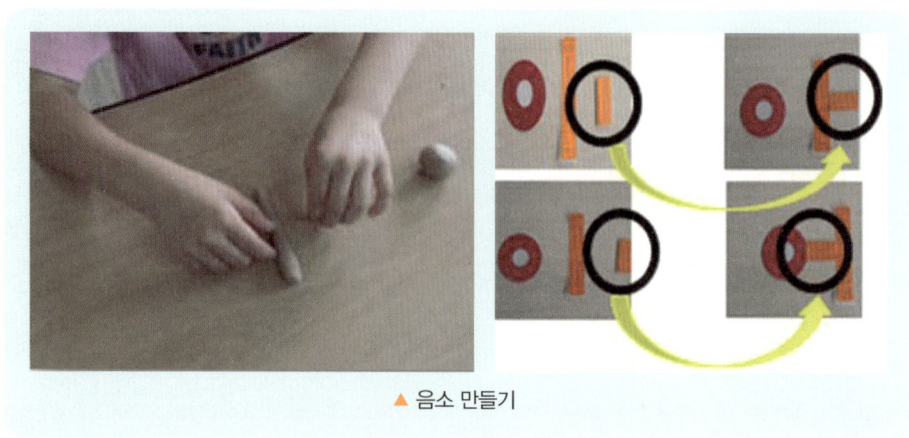

▲ 음소 만들기

새싹 문해력을 키우기 위한 첫 단추가 잘 끼워졌으면 이제 음소를 소리와 모양을 연결하여 인식할 수 있도록 지도해요.

음절 카드에 빠져 있는 음소 채우기는 교사가 학생에게 음소가 빠져 있는 음절 카드를 제시한 후, 음절을 소리 내어 읽어줘요. 학생은 교사가 들려주는 음절 소리를 듣고 음절에 빠진 음소를 찾아 붙여요.

이 단계에서 더 나아가 음절 카드 대신 음소가 빠져 있는 낱말 카드를 제시한 후, 낱말에 대한 힌트를 제시해요. 학생은 힌트를 듣거나 읽고, 낱말에 빠진 음소를 찾아 붙일 수 있어요.

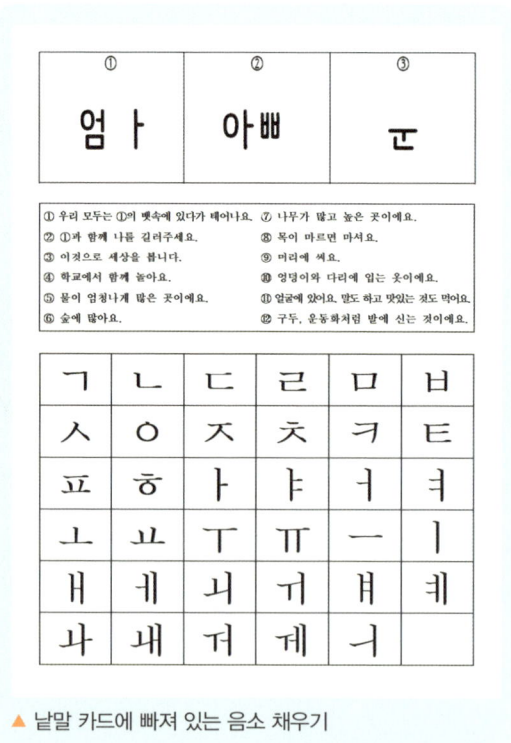

▲ 낱말 카드에 빠져 있는 음소 채우기

낱말에 관한 힌트를 어려워하는 학생은 낱말 카드에 그림을 같이 제시해 주는 것도 좋아요. 이때, 음소 카드를 A4 투명 라벨지에 인쇄하면 다른 음소를 가리지 않고 낱말을 만들 수 있어요.

음절 익히기

음소의 소리와 모양을 연결하여 인식할 수 있게 되면 음절을 익혀요. 음절을 익히기 위해서는 여러 가지 방법으로 음절을 구별하는 연습이 필요해요. 음절 익히기는 음절 찾기와 음절 모아 낱말 만들기 활동으로 구성해요.

음절 찾기는 여러 가지 음절 중 교사가 제시한 음절과 같은 음절을 찾거나 교사가 들려주는 음절을 찾는 활동이에요.

또 여러 가지 음절 카드 중에서 1음절 낱말 찾기, 시나 이야기 속에서 반복되는 음절을 찾는 방법도 있어요.

예를 들어, 1음절 낱말 찾기는 여러 가지 낱말

비	눈	우리
나비	너	손
코	발	지우개
구름	공책	공

▲ 1음절 낱말 찾기

비	눈	우리
나비	너	손
코	발	지우개
구름	공책	공

▲ 1음절 낱말 찾기

을 제시하고, 학생에게 음절마다 동그라미를 그려 음절 수를 세어볼 수 있도록 지도해요. 이때, 음절 수를 세어보는 활동이 어려운 학생은 음절마다 글자 위에 숫자 스티커를 붙이면서 음절 수를 시각적으로 보여주면 학생들이 더 쉽게 찾을 수 있어요.

음절 모아 낱말 만들기는 한 음절이 빠진 낱말을 보고 빈칸에 알맞은 음절을 넣어 낱말을 완성하는 활동이에요.

▲ 음절 모아 낱말 만들기

예를 들어, '모ㅁ'를 제시하면 학생들이 모자, 모기, 모양 등을 이야기해요. 학생들이 낱말을 떠올리기 어려워할 경우, 그림을 제시하여 힌트를 줄 수 있어요.

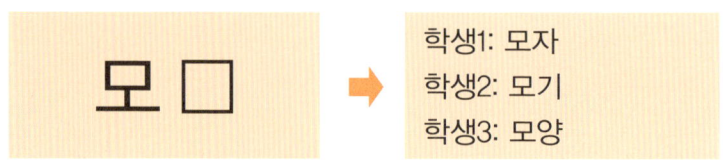

▲ 음절 모아 낱말 만들기

낱말 익히기

음절을 익힌 후에는 음절을 이용하여 낱말을 만드는 연습을 할 수 있어요. 낱말 익히기는 음절 모아 만들기, 음소 넣어 낱말 완성하기, 낱말과 그림 짝 맞추기 활동으로 진행해요.

음절 모아 만들기는 여러 장의 1음절 낱말 카드 중에서 원하는 카드를 골라 2음절 이상의 낱말을 만들어요.

▲ 1음절 낱말 카드

낱말을 만들기 어려워하는 학생은 그림에 알맞은 낱말을 만드는 활동부터 시작해도 좋아요. 낱말을 붙이는 학습지에 그림을 제시하여 그림에 알맞은 음절을 오려 붙여 낱말을 만들어요.

▲ 음절 모아 2음절 이상의 낱말 만들기

이때, 가위질이 어려운 학생은 음절 카드를 A4 라벨지에 인쇄한 후 선에 맞춰 칼로 살짝 그어주면 스티커처럼 사용할 수 있어요.

음소 넣어 낱말 완성하기는 자음 또는 모음이 탈락한 낱말을 보고 알맞은 음소를 넣어 낱말을 만들어요.

▲ 음소 넣어 낱말 완성하기

예를 들어, 교사가 'ㅁㅓㅁㅣ'를 제시하면 학생은 'ㄱ'과 'ㅁ'을 넣어 '거미'라는 낱말을 만들 수 있어요.

낱말과 그림 짝 맞추기는 제시된 그림 카드와 어울리는 낱말 카드를 찾는 활동이에요. 교사는 안 쓰는 달력을 활용하여 달력 종이를 삼등분하고 **그림-음절-음절** 순으로 카드를 만들어 제시해요. 학생은 카드를 넘겨 그림에 알맞은 낱말을 완성해요.

▲ 달력을 활용하여 낱말과 그림 짝 맞추기

단어를 수집해요

음소-음절-낱말 익히기를 학습한 후에는 학생의 어휘력을 높이기 위한 단어를 수집하는 활동이 필요해요. 학생들이 단어를 수집하기 전에 내가 좋아하는 물건을 수집하는 활동부터 시작하는 것이 좋아요. 그리고 학생들이 직접 경험한 일을 단어로 표현해 보고 수집하며 게임도 할 수 있어요. 단어를 수집해요는 나만의 백과사전 만들기와 내가 경험한 일 수집하기로 나누어 진행해요.

나만의 백과사전 만들기

나만의 백과사전 만들기는 학생들이 수집을 경험해 보고 나만의 책으로 만들어 보는 활동이에요. 나만의 백과사전 만들기는 내가 좋아하는 것 수집하기와 나만의 백과사전 만들기로 구성해요.

내가 좋아하는 것 수집하기는 학생이 좋아하는 물건을 가정에서 가져오거나 교실에서 찾아서 친구들에게 소개하는 활동이에요. 또 내가 좋아하는 물건, 사람, 동물 등의 그림이나 사진을 교과서, 잡지에서 오리고 좋아하는 이유를 적어서 소개해요.

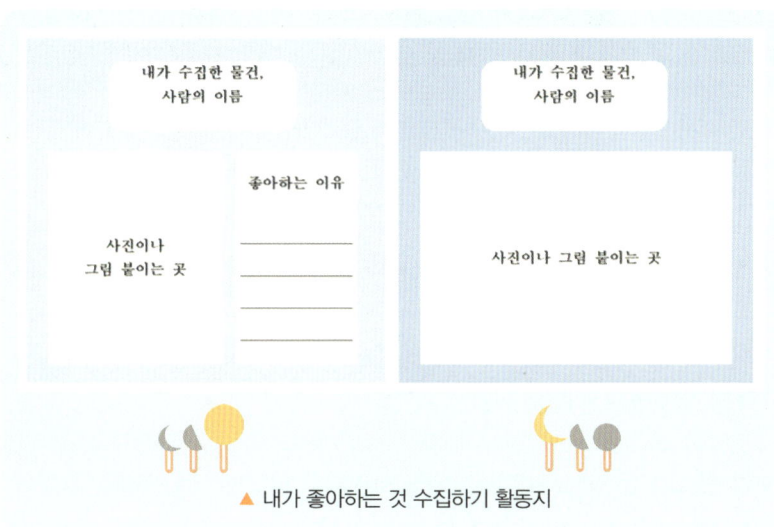

▲ 내가 좋아하는 것 수집하기 활동지

나만의 백과사전 만들기는 내가 좋아하는 것 수집하기 활동과 연계하여 내가 수집한 것들을 책으로 만드는 활동이에요. 나만의 백과사전 책 표지에 그림책 주인공 대신에 **학생의 사진**을 넣어주면 내가 그림책 속 주인공이 된 기분을 느낄 수 있어 학생들의 흥미를 높일 수 있어요.

▲ 나만의 백과사전 만들기 표지

▲ 나만의 백과사전 만들기

나만의 백과사전 만들기에 필요한 준비물은 스크랩북, A4 라벨지, 가위, 색칠 도구(사인펜, 색연필), 풀, 잡지, 교과서 등이에요.

나만의 백과사전 만드는 방법

 수업 전, 교사는 책 표지의 앞, 뒷면을 만들어 A4 라벨지에 인쇄한 후 스크랩북에 미리 붙여 학생들에게 나눠 줘요. 이때, 책 표지 제목은 글자를 지우고 제시하여 학생들이 직접 적을 수 있도록 하면 좋아요.

 학생들은 내가 수집하고 싶은 것을 생각하며 책 표지 제목을 써요.

 속지(내가 좋아하는 것 수집하기 활동지 참고)를 작성해요.
속지는 잡지나 교과서 속 사진 자료를 찾아 오려 붙이고 내용을 작성해요. 이때, 속지는 학생 수준에 따라 다르게 제시할 수 있어요. 글쓰기가 가능한 학생은 수집한 이유를 적을 수 있고, 글을 쓰기 어려운 학생은 그림이나 사진을 오려 붙일 수 있어요.

 속지를 다 작성한 후에는 속지의 테두리를 가위로 잘라 스크랩북에 붙여요.

 나만의 백과사전을 색칠 도구(사인펜, 색연필)를 이용하여 꾸며요.

내가 경험한 일 수집하기

내가 좋아하는 것을 수집해 본 학생들은 더 나아가 단어를 수집하고 익힘으로써 어휘력을 높일 수 있어요. 이때, 교사는 학생들이 좀 더 쉽게 단어를 수집할 수 있도록 직접 경험한 일을 주제로 수업할 수 있어요. 내가 경험한 일 수집하기는 숨은 단어 찾아 수집하기와 단어 수집책 만들기, 우리 학교를 주제로 단어 수집하기, 수집한 단어로 게임 하기, 우리 학교 소개하기로 구성해요.

숨은 단어 찾아 수집하기는 숨은 단어를 수집하거나 교실에 숨겨진 단어 카드를 직접 몸을 움직이면서 찾아 수집해요. 단어를 수집하는 방법은 보물찾기나 벌레 잡기 등 **학생들의 흥미**를 끌 수 있는 소재를 활용하면 좋아요. 예를 들면, 벌레 잡기는 벌레 모양 종이에 글자를 적어 교실에 숨기고 파리채를 이용해 단어를 수집하는 방법이에요. 이때, 스스로 단어를 찾기 어려워하는 학생은 교사가 제시한 단어와 똑같은 단어를 찾는 활동으로 바꿀 수 있어요.

▲ '벌레 잡기' 소재를 활용하여 숨은 단어 찾아 수집하기

이렇게 다양한 방법으로 수집한 단어를 단어 수집책을 만들어 수업 시간에 활용할 수 있어요. **단어 수집책 만들기**는 학생들이 새로 알게 된 단어를 적거나 오려 붙여 수집해요.

▲ 단어 수집책

다음으로 단어를 수집하는 장소를 교실에서 학교로 확장해요. **우리 학교를 주제로 단어 수집하기**는 우리 학교를 직접 돌아다니면서 내가 수집하고 싶은 단어를 수집해요. 학교를 주제로 단어를 수집하

▲ 우리 학교 단어 수집하기

는 것은 우리 학교 교실이나 특별실, 급식실 등의 위치를 익힐 수 있어 '**1학년 입학 적응 프로그램**'으로도 연계하여 활용할 수 있어요.

또 학교에서 학생들이 직접 **경험**한 일을 사진이나 동영상을 보며 떠오르는 단어를 수집해요.

예를 들어, 체육대회나 현장학습 등 학생들이 좋아할 만한 학교 행사를 활용할 수 있어요. 학교 행사를

▲ 체육대회 관련 단어 수집하기

소재로 활용하는 것은 일상생활과 연계함으로써 학생들이 교사가 미처 생각하지 못한 다양한 단어를 떠올릴 수 있어요.

이렇게 수집한 단어를 활용하여 **빙고 게임, 끝말잇기, 단어 유추 게임**(예. 스무고개)을 해요. 빙고 게임은 빙고판에 내가 수집한 단어를 적고 친구들과 돌아가면서

단어를 읽어요. 친구나 내가 읽은 단어가 있는 칸은 색칠하여 가로, 세로, 대각선 빙고를 먼저 만드는 사람이 이기는 게임이에요. 단어를 적기 어려워하는 학생은 자신이 만든 단어 수집책을 보고 적을 수도 있어요.

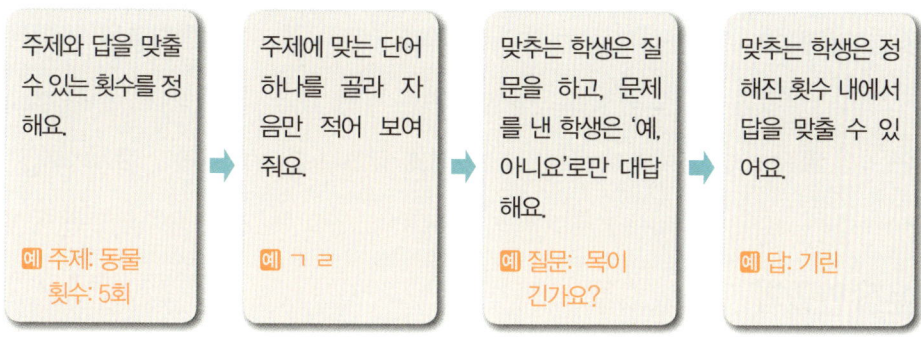
▲ 단어 유추 게임

우리 학교 소개하기는 학교를 돌아다니면서 수집한 단어를 이용하여 우리 학교를 소개하는 짧은 글을 쓰는 활동이에요. 내가 수집한 단어를 이용하여 짧은 글을 쓰고 그에 알맞은 그림을 그리거나 우리 학교 사진을 붙여요.

이때, 글을 쓰기 어려운 학생은 빈칸에 알맞은 단어를 넣고 보기에서 알맞은 조사를 골라 문장을 완성할 수 있어요.

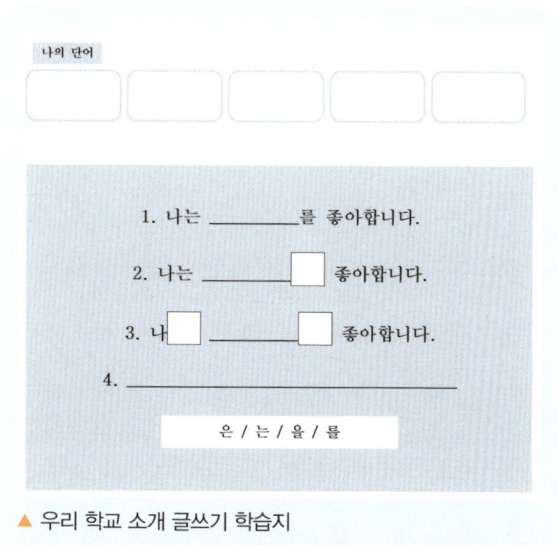
▲ 우리 학교 소개 글쓰기 학습지

 **문장을 익혀 글을 써요**

단어를 수집하는 활동을 학습한 후에는 학생들이 수집한 단어로 여러 가지 문장을 만들고 한편의 글을 완성해 보는 시간이 필요해요. 학생들이 쉽게 떠올릴 수 있는 자신이 경험했던 일들로 문장을 구성하고 퍼즐 맞추기, 노래 부르기 등 여러 가지의 게임 활동을 함께 하면 학생들은 더욱 쉽게 글쓰기 활동에 다가갈 수 있어요.

문장 만들기

음소-음절-낱말을 익힌 후에는 문장을 만들어 보는 연습을 해요. 문장 만들기는 학생이 경험했던 일을 바탕으로 장면에 어울리는 문장 완성하기, 제시어를 듣고 낱말을 넣어 문장 완성하기, 문장 이어 말하기, 노래 가사 바꾸어 부르기 등의 활동으로 구성해요.

장면에 어울리는 문장 완성하기는 앞에서 실시했던 '단어 수집하기' 활동을 활용해요. 먼저 그동안 수집했던 여러 단어 중에서 장면에 어울리는 단어를 찾아 써보는 활동을 해요. 모음만 제시되어있는 학습지 빈칸에 자음을 적어 단어 완성하기를 한 후, 단어를 넣어 문장 만들기도 해요.

학생들 수준에 따라 그림을 보고 (누가/무엇이), (어찌하다/어떠하다)에 알맞은 단어 넣어 문장 만들기, 빈칸에 단어 넣어 문장 만들기, 단어 따라 쓰기 등 난이도를 조절하여 적용하면 좋아요.

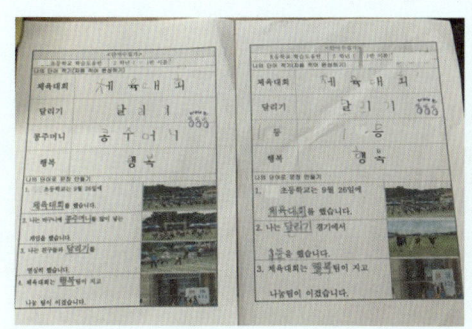 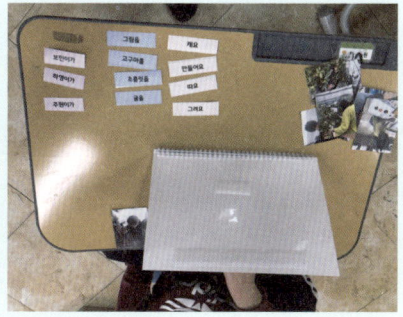

▲ 단어로 문장 완성하기

제시어를 듣고 낱말을 넣어 문장 완성하기는 음소가 일부 탈락된 낱말을 보고 낱말을 완성하여 그 낱말이 들어가는 문장으로 완성하여 말하는 활동이에요. 모든 학생이 같은 제시어를 활용해서 다양한 문장으로 나타내는 거예요.

예를 들어 제시어 "ㅎㅎ"을 갖고 '나비가 훨훨 날아가요.', '아빠가 하하 웃어요.', '라면을 호호 불어먹어요.' 등의 문장으로 나타낼 수 있어요. 이 활동을 게임 형식으로 할 경우, 제시어를 보고 먼저 문장을 말한 학생이 다음 차례의 학생을 지목하면 그 학생이 문장을 말하는 방식으로 진행할 수 있어요.

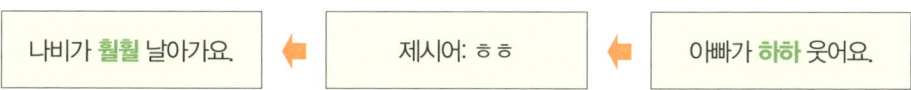

문장 이어 말하기는 하나의 단어로 다양한 문장을 만들어 이어 말하는 말놀이 활동이에요. 이어 말하기 활동은 학생들이 서로 경쟁이 되어 한 문장이라도 더 만들려고 노력하기 때문에 다양한 문장을 경험할 수 있어요.

학생들 수준에 따라 한 문장이 아닌 여러 개의 문장으로 구성할 수도 있어요. 문장 이어 말하기가 어려운 학생들은 문장에 들어가는 공통된 낱말이나 낱글자 찾기,

그림으로 제시된 카드 선택하기 활동으로 대체하여 적용해도 좋아요.

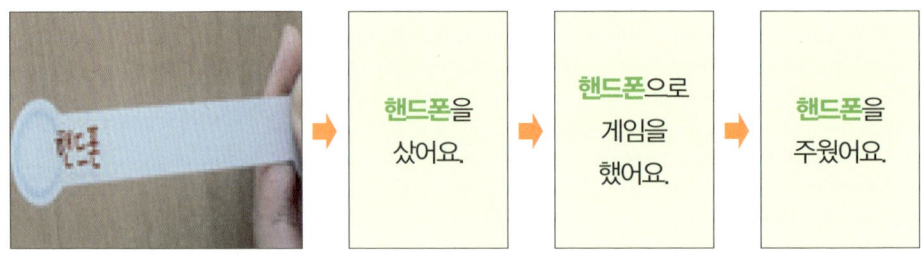

노래 가사 바꾸어 부르기는 모두가 부를 수 있는 친숙한 노래를 선택하여 주제를 정하고 가사를 바꾼 뒤 노래로 부르는 활동이에요. 단순히 책을 읽고 쓰기 활동만 반복하기보다는 더 재미있고 쉽게 기억할 수 있는 노래를 활용한다면 학생들의 수업 참여도를 높이고 오랫동안 기억하는 데 도움이 돼요.

예를 들어 '학용품'이라는 주제로 곰 세 마리 노래를 활용하면 "학용품 세 개가 교실에 있어. 가위, 색종이, 지우개…"라고 부를 수 있어요. 이 활동은 같은 노래에 다양한 주제로 바꾸어 적용할 수도 있고 하나의 주제를 여러 가지 노래에 적용하는 활동으로 바꾸어 진행할 수도 있어요.

퍼즐 맞추기

장면에 어울리는 문장을 만들고 문장 이어 말하기 활동을 경험한 학생들의 어휘력 향상을 위해 다양한 퍼즐 맞추기 활동을 해요. 퍼즐 맞추기 활동은 학생들이 퍼즐 전체를 관찰하고 예측하면서 글자를 탐색할 수도 있고 집중력 향상에 큰 도움이 돼요. 퍼즐 맞추기는 가로세로 퍼즐 맞추기와 문장 퍼즐 맞추기 활동으로 진행해요.

가로세로 퍼즐 맞추기는 제시되는 단서를 읽고 퍼즐의 빈칸에 들어갈 글자를 채워 완성해요.

주어진 단서로 퍼즐 맞추기가 어려운 경우에는 퍼즐 칸 제일 앞 또는 위에 있는 그림을 보고 알맞은 단어를 떠올려 적을 수 있어요. 또 글자를 쓰기 어려운 학생은 보기를 제시하여 알맞은 단어를 찾아 쓰는 활동으로 대체할 수 있어요. 학생들 수준에 따라 퍼즐의 개수와 내용의 난이도를 조절하여 사용하면 좋아요.

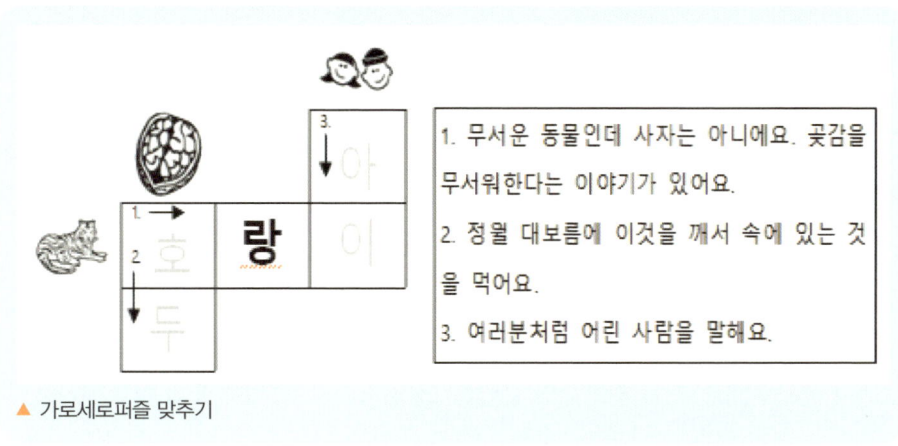

▲ 가로세로퍼즐 맞추기

문장 퍼즐 맞추기는 다양한 주어, 목적어, 서술어 낱말 카드를 조합하여 문장을 완성하는 활동이에요.

학생 수준에 따라 낱말 카드만 제시하기, 낱말

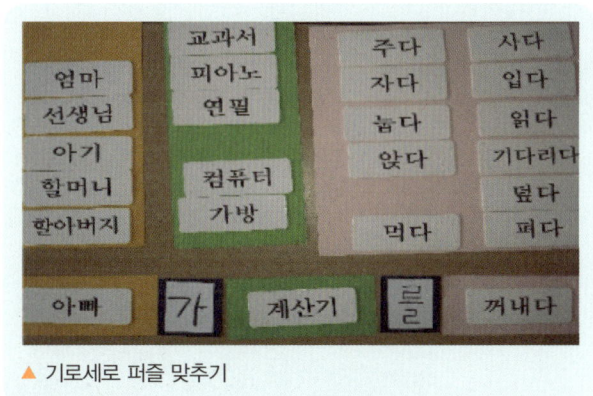

▲ 가로세로 퍼즐 맞추기

과 그림을 함께 제시하기, 그림 카드 제시하기 활동으로 나누어 진행하면 모든 학생이 퍼즐을 완성하면서 성취감을 느낄 수 있어요. 또 주어, 목적어, 서술어를 서로 다른 색으로 구별하여 제시함으로써 학생들에게 단서를 줄 수 있어요.

다양한 글쓰기

낱말을 만들고 문장 만들기를 익힌 후에는 다양한 글쓰기 활동을 할 수 있어요. 글쓰기 활동은 주제나 글의 형식에 맞게 다양한 글을 쓰는 경험을 제공하여 학생들의 창의력 신장에 도움을 줘요. 다양한 글쓰기는 시 쓰기, 짧은 글쓰기, 문단 완성하기 등의 활동으로 진행해요.

시 쓰기는 앞에서 실시했던 '단어수집가 책 만들기 활동'을 활용해요. 책에서 낱말 4~5개를 선택하여 포스트잇 1장에 1개씩 쓰고 칠판에 붙여보는 활동을 해요. 이때, 학생별로 다른 색상의 포스트잇을 사용하면 좋아요. 6명의 학생이 칠판에 붙인 여러 개의 낱말(30개) 중 색깔별로 1개씩 총 5개를 골라 시 쓰기 활동을 해요.

수준이 높은 학생들은 5개 이상의 낱말을 선택하고 반대로 시 쓰기 어려워하는 학생들은 1~2장의 낱말을 선택하거나 시의 일부를 자신이 수집한 단어로 바꾸어 쓰기, 교과서에 나오는 시의 일부(문장) 바꾸어 쓰기, 보고 따라 쓰기 활동으로 대체할 수 있어요.

▲ 포스트잇에 낱말 쓰기

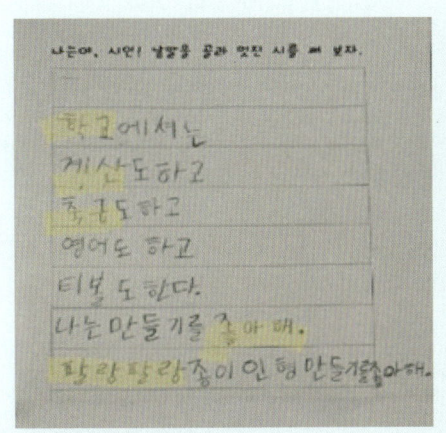 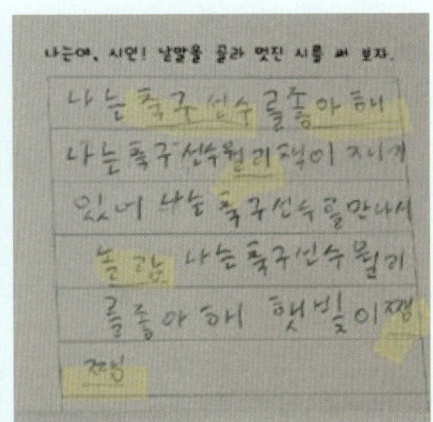

▲ 낱말 골라 시 쓰기

짧은 글쓰기는 소개 글쓰기와 감사 글쓰기 활동으로 이루어져요. **소개 글쓰기**는 내가 좋아하는 것을 다른 사람에게 알리는 목적으로 글을 써요.

먼저 활동지에 학생 얼굴 사진을 붙이거나 그림을 그리고 내 이름, 생일, 내가 좋아하는 음식, 나의 감정 (내가 기쁠 때, 슬플 때, 화날 때) 등 '나'와 관련된 내용을 적어 나에 대해 알아보는 시간을 가져요.

나에 관한 내용을 바탕으로 친구들에게 나를 소개하는 글쓰기를 해요. 또 친

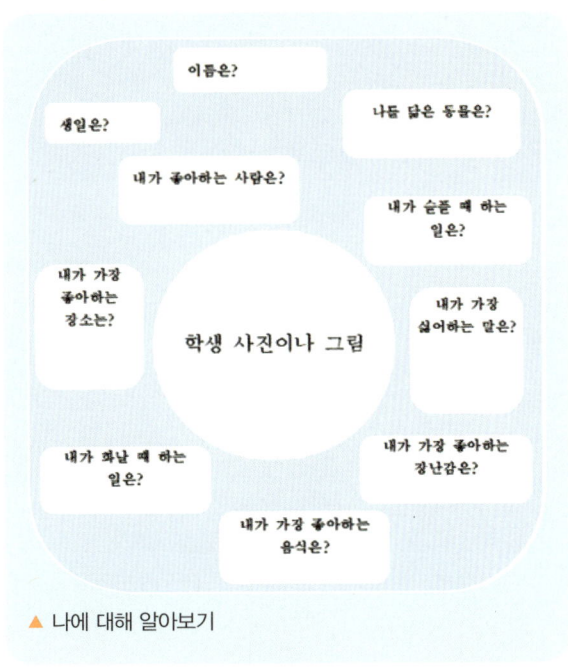

▲ 나에 대해 알아보기

구의 소개 글을 읽고 친구에게 해주고 싶은 말을 써보는 것도 좋아요.

학생들 수준에 따라 짧은 단어를 적거나 그림을 이용하여 나를 소개하기 얼굴 표정을 오려 붙여 친구에게 해주고 싶은 말을 표현하는 활동으로 대체할 수 있어요.

자기 소개하기 활동과 함께 우리 집이나 내가 다녀왔던 인상 깊은 여행지, 재미있게 읽은 책 등 다양한 소개 글쓰기 활동으로 확장하면 좋아요.

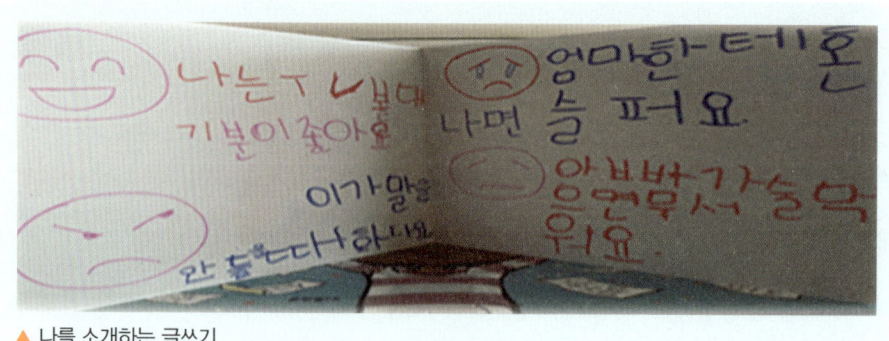

▲ 나를 소개하는 글쓰기

감사 글쓰기는 오늘 하루 중 감사하는 일에 대한 글쓰기 활동이에요. 오늘 있었던 일을 아침 시간, 점심시간, 통합학급 시간 등으로 칸을 나누어 작성해 보고 그중에서 제일 감사하거나 고마웠던 일을 떠올려 감사 글쓰기를 해요.

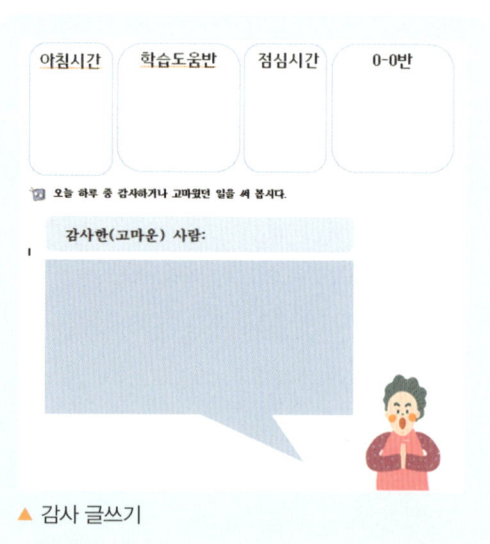

▲ 감사 글쓰기

학생들 수준에 따라 한 문장부터 5~6문장까지 작성하여 일기 형식으로 구성할 수도 있어요. 글쓰기에 어려움이 있는 학생들은 오늘 있었던 일, 감사하거나 고마웠던 일을 사진으로 제시하여 오려 붙이기 활동으로 바꾸어 적용하면 좋아요.

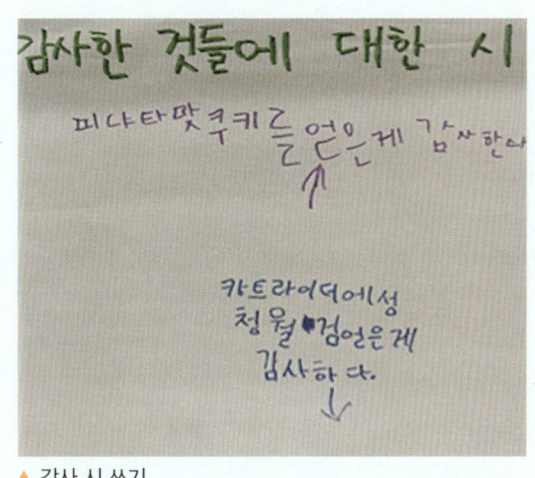
▲ 감사 시 쓰기

문단 완성하기는 체육대회나 현장학습, 학습발표회 등 학생들이 직접 경험한 일을 활용하여 작성해요. 먼저 내가 경험했던 일을 바탕으로 단어를 적어 **생각 그물(마인드맵)**을 만들어요. 생각 그물은 마음속에 지도를 그리듯이 줄거리를 이해하며 정리하는 방법이에요. 생각 그물은 특히 긴 글쓰기가 익숙하지 않은 학생들이 자기 생각을 펼치는 연습을 하기에 좋은 방법이에요. 생각 그물 만들기가 어려운 경우 사진을 오려 붙이거나 그림 그리기 등으로 대체할 수 있어요.

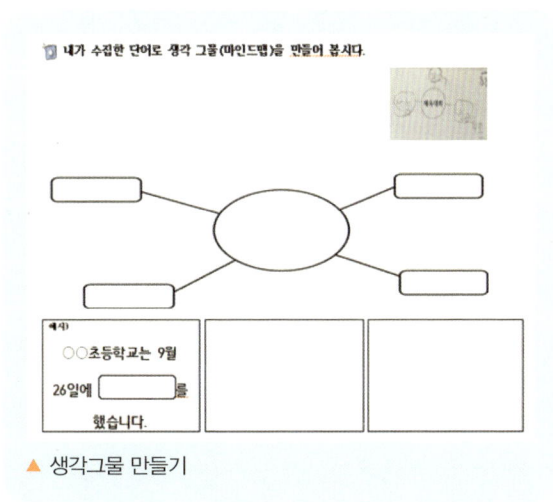
▲ 생각그물 만들기

생각 그물을 통해 수집한 단어를 이용하여 문장을 만든 후에는 중심 문장을 찾아요. 중심 문장과 뒷받침 문장을 이용하여 문단을 완성할 수도 있어요. 문단 완성하기가 어려운 경우 수집한 단어의 빈 곳에 자음을 넣어 단어를 완성하거나 단어 따라 쓰기로 대체할 수 있어요.

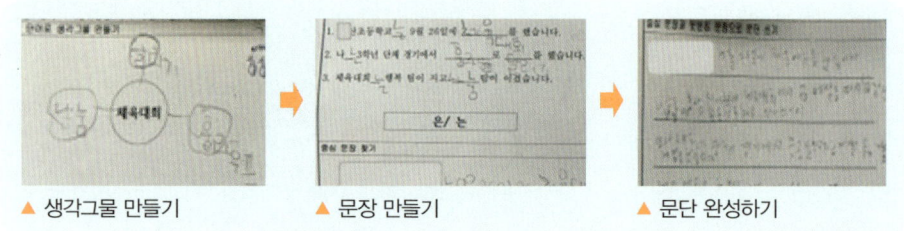

▲ 생각그물 만들기　　▲ 문장 만들기　　▲ 문단 완성하기

릴레이 수업

단업수집가

《단어수집가》로 릴레이 수업 나눔을 실시했어요.

첫 번째 수업은 책의 주인공처럼 학생들과 교실 곳곳에 있는 단어들을 찾아서 수집하는 활동을 했어요.

두 번째 수업은 '시 쓰기' 활동 수업을 했어요.

세 번째 수업은 '학교를 소개하는 글짓기' 수업을 했어요.

첫 번째 수업
- 활동 ❶ 그림책 내용 확인하기
- 활동 ❷ 교실 속 숨은 단어 수집하기
- 활동 ❸ 문장 만들기 놀이하기

세 번째 수업
- 활동 ❶ 학교 안에 있는 여러 가지 낱말 수집하여 낱말 카드 만들기
- 활동 ❷ 학교를 소개하는 글짓기
- 활동 ❸ 내가 쓴 글 발표하고 게시하기

두 번째 수업
- 활동 ❶ 그림책 보며 이야기 듣기
- 활동 ❷ 내가 좋아하는 그림책에서 낱말 5개 수집하기
- 활동 ❸ 나와 친구들이 모은 단어로 시 쓰기

> **참고** 수업 나눔일지(릴레이 수업)

《단어수집가》로 릴레이 수업 나눔을 실시했어요.

첫 번째 수업은 책의 주인공처럼 학생들과 교실 곳곳에 있는 단어들을 찾아서 수집하는 활동을 했어요. 이렇게 찾은 단어들을 칠판에 붙여 놓고 퀴즈의 정답에 맞는 단어 찾기 활동으로 진행하였어요.

수준	상	중	하
활동내용	**활동 1** 그림책 내용 확인하기 그림을 보며 이야기 확인하기		
	활동 2 단어 수집하기		
	– 정답인 단어 카드 찾아오기	– 그림에 알맞은 단어를 붙이고 따라 쓰기	– 제시하는 단어와 같은 단어 찾기
	활동 3 문장 만들기 놀이하기		
	– 단어들을 이용하여 짧은 문장 만들기	– 그림에 알맞은 단어를 넣어 문장 완성하기	– 그림에 알맞게 제시된 단어 따라 쓰기

두 번째 수업은 '시 쓰기' 활동 수업을 했어요. 학생마다 원하는 그림책을 꺼내서 단어 5개를 선택하고 칠판에 붙여요. 학생들이 수집한 여러 개의 단어 중에서 수준별로 몇 개씩 골라 시 쓰기 활동으로 진행하였어요.

활동내용	
	활동 1 《단어수집가》 그림책 보며 이야기 듣기
	활동 2 낱말 모으기 원하는 그림책을 꺼내서 그 안에서 낱말 5개를 선택하여 포스트잇 1장에 1개씩 쓰고 칠판에 붙이기(학생별로 다른 색상의 포스트잇)
	활동 3 시 쓰기 – 칠판에 붙어 있는 낱말(30개) 중 색깔별로 1개씩 총 5개를 골라(상 수준은 8개) 시를 써 보기 – 각자 시 발표하기

세 번째 수업은 '학교를 소개하는 글짓기' 수업을 했어요. 먼저 낱말 모으기 활동으로 학교 안에 있는 여러 가지 낱말(특별실 이름, 물건 이름 등)을 수집한 후 낱말 카드 만들기를 실시해요. 수집한 단어를 분류하여 생각그물(마인드맵)로 정리한 후 글로 쓰고 싶은 주제를 선택하고 우리 학교 소개하는 글을 완성해요.

수준	상	중	하
활동내용	**활동 1 낱말 모으기** – 학교 안에 있는 여러 가지 낱말을 수집하기(특별실 이름, 물건 이름 등) – 수집한 낱말을 작은 낱말 카드로 만들기		
	활동 2 학교를 소개하는 글짓기		
	– 내가 수집한 단어를 분류하여 마인드맵으로 정리하기 – 분류한 단어 중 글로 쓰고 싶은 주제를 선택하기 – 우리 학교를 소개하는 내용 쓰기	내가 수집한 단어를 사용하여 빈칸이 있는 문장을 완성하기	내가 수집한 단어를 사용하여 빙고판을 완성한 후 친구들과 단어 빙고 게임 하기
	활동 3 발표하고 게시하기		
	친구들 앞에서 자신의 글을 스스로 읽거나 따라 읽고 게시판에 게시하기		공통된 단어를 모아 함께 읽고 단어를 설명하기

특수교사의 특별한 TIP

▶ 학생들이 직접 겪었던 체험학습 경험(현장 체험학습, 체육대회, 대회출전)으로 문장 만들기를 할 수 있어요.

▶ 우리 학교, 우리 동네를 둘러보고 사진 찍기를 실시한 후 장면에 어울리는 문장 만들기를 완성할 수 있어요.

▶ 짧은 글쓰기 활동 시 학생들이 문장을 구성하는 데 어려움이 있는 경우 여러 조사들을 보기로 넣어 골라 사용하게 하면 좋아요.

  예시) 나는 _____ ☐ 좋아합니다. (은 / 는 / 을 / 를)

▶ 여러 가지의 게임 활동을 적용하여 학생들이 한글에 관심을 두고 친숙해지는 시간을 만들 수 있어요.

▶ 달력을 이용하여 낱말과 그림 짝맞추기 자료를 만드는 경우, 달력의 앞면만 활용하여 그림과 음절을 붙이는 것이 좋아요.

말하면 힘이 세지는 말
미야니시 타츠야 글, 그림
책속물고기

긍정적인 말을 사용해요

긍정적인 말은 하면 할수록 용기가 생기고 다른 사람과 의사소통을 쉽게 할 수 있어요.

"말에는 힘이 있어서 어떤 말을 듣고 말하느냐에 따라 결과가 달라진다고 해요.
힘이 세지는 말은 반복적으로 소리 내어 말할수록 힘이 세진다는 사실을 인지하고 자신에게 힘을 주는 말을 찾아보는 수업으로 디자인해요."

동기유발

그림책 표지에 등장하는 공룡 동영상을 보며 책의 내용을 상상해 보아요.

듣기 좋은 말과 듣기 싫은 말을 구별해 보아요.

'다섯 글자 예쁜 말', '넌 할 수 있어 라고 말해주세요' 노래를 부르며 우리에게 힘이 되는 말을 생각해 보아요.

내가 생각하는 가장 힘이 센 대상의 모습이나 말을 이야기할 수 있어요.

 긍정의 말, 말의 힘을 배워요

예전과 다르게 최근에는 온라인 수업이 많아지면서 학생들이 다양한 사람들과 의사소통을 통해 학습할 기회가 줄어들어 언어발달이 늦어지고 있어요. 문해력은 문자를 읽고 쓰는 것뿐만 아니라 이해하기, 의사소통하기까지 언어의 모든 영역을 다 포함해요. 문해력이 부족한 학생들은 학업뿐만 아니라 친구 사이에서도 어려움을 느낄 확률이 매우 높아요. 또한 정서적으로도 힘들어져 부정적인 사고방식을 하게 되기 때문에 긍정적인 언어 습관, 말의 힘을 알아가는 과정이 매우 중요해요. 자신을 스스로 격려하고 힘을 낼 수 있는 말을 반복적으로 듣고 말함으로써 어려운 학습을 느리더라도 포기하지 않고 해나갈 수 있는 용기도 얻을 수 있어요.

우리에게 힘을 주는 말 찾기

말에는 힘이 있어서 **긍정적인 말**을 반복적으로 말하는 훈련이 필요해요. 훈련의 첫 단계로 우리에게 힘을 주는 말을 찾아볼 수 있어요.

학생들에게 책 각 페이지에 있는 '힘이 세지는 말'을 모아 그중에서 가장 마음에 드는 말을 고르라고 하면 자신에게 힘이 되는 말이 아니라 친구에게 전해주고 싶은 힘이 되는 말을 고르기도 해요.

우리에게 힘을 주는 말을 찾기 위해 책 읽고 소감 나누기, 말의 힘 알아보기 등의 활동으로 진행해요.

책 읽고 소감 나누기는 먼저 책 표지를 살펴보며 이야기 예측하기부터 시작해요.

어떤 이야기일지 자유롭게 상상해 보며 제목을 찾아보고 한 글자씩 읽으며 꾸미기 활동을 해요.

표지를 살펴본 후 본격적으로 책 읽기 활동을 시작해요. 교사가 책을 읽어 주는 방법도 좋지만, 학생들끼리 한 장씩 읽고 옆 친구에게 넘기는 방법으로 돌려 읽기를 하면 학생들의 수업 참여도가 높아지고 동기 및 흥미를 유발할 수 있어요.

▲ 책 제목 꾸미기, 말풍선 쓰기

책을 읽은 뒤에는 한 명씩 소감을 나누고 인물에게 일어난 일을 파악해요. 책 속 장면을 보고 어울리는 문장 쓰기, 인상 깊은 문장을 떠올려 말풍선에 쓰기 활동 등으로 구성할 수 있어요.

책 표지 살펴보기 학습지 활동은 책 전체 제목 쓰기, 제목에 들어가는 단어 쓰기, 보기에서 찾아 제목 쓰기 등으로 학생 수준에 따라 다르게 제시할 수 있어요.

▲ 책 표지 살펴보기 활동 학습지

말의 힘 알아보기는 긍정의 말의 효과를 알아보고 나를 힘이 나게 하는 말과 힘 빠지게 하는 말을 살펴보는 활동이에요. '못할 거야.', '자신 없어.', '재미없어.' '울고 싶어.'라는 말 대신에 '할 수 있어.', '괜찮아.', '잘될 거야.', '사랑해.'라는 긍정의 말로 바꾸어 자신에게 힘을 주는 말을 찾는 시간을 가져요.

내가 들으면 힘이 세지는 말을 이용하여 3D 입체 북 만들기, 촉감 책 만들기, 매직 카드 만들기, 에코백 꾸미기, 씨앗 키우기, 힘이 세지는 약봉지 만들기 등 다양한 활동을 구성해요.

3D 입체 북 만들기는 2종류의 책으로 만들 수 있어요.

첫 번째 3D 입체 북은 '말하면 힘이 세지는 말' 책이에요. 그림책에서 인상 깊은 장면을 찾아 똑같이 그리고 내용을 써서 책을 완성하는 활동이에요.

준비물로는 OHP 필름, A4용지 반장, 유성 매직 등이 필요해요. 먼저 OHP 필름 위에 그림을 그려 책 속 장면을 나타내요. 학생 수준에 따라 책 그림 위에 OHP 필름을 얹고 펜을 이용하여 따라 그린 후 유성 매직으로 색칠할 수 있어요. 그림이 완성되었다면 A4용지 반장을 준비하여 장면에 어울리는 문장을 써요. 학생 수준에 따라 OHP 필름을 얹고 문장 따라 쓰기, 주요 단어 쓰기 등의 활동으로 대체하여 적용하면 좋아요. 그림 장면과 글의 내용이 완성되었다면 OHP 필름을 반원이 되게 동그랗게 만들어 A4용지에 붙여 3D 입체 북을 완성해요.

두 번째 3D 입체 북은 '나에게 힘을 주는 말' 책이에요. 앞에서 만들었던 첫 번째 3D 입체 북 만들기와 똑같은 방법으로 진행해요. 이번에는 내가 평소에 듣고 싶었던 '나에게 힘을 주는 말' 예를 들어 '포기하지 말고 힘내.', '너는 축구를 잘해.', '너는 달리기를 잘해.', '나비를 봐서 행복해요.' 등의 내용을 적고 그림으로 표현하여 책을 완성할 수 있어요.

▲ 말하면 힘이 세지는 말 3D 입체 북

▲ 나에게 힘을 주는 말 3D 입체 북

촉감 책 만들기는 걱정의 말을 나에게 힘을 주는 말로 바꿔보는 활동이에요. 준비물로는 물감, 지퍼팩, 도화지, 걱정의 말 스티커, 긍정의 말 스티커 등이 필요해요. 먼저 도화지에 걱정과 관련된 말 '자신 없어.', '못해.', '울고 싶어.' 등의 글을 적어요. 학생 수준에 따라 걱정하는 말 쓰기 대신 걱정 스티커 붙이기 활동으로 대체할 수도 있어요. 걱정의 말을 다 적었다면 그 위에 원하는 여러 색의 물감을 짠 후 지퍼팩에 넣어요. 물감이 새어 나오지 않게 지퍼팩을 잠근 후 손이나 도구를 이용하여 물감이 있는 부분을 터트리며 촉감 놀이 활동을 해요.

촉감 놀이 활동 후 물감으로 가려진 걱정 관련 말 위에 '할 수 있어.', '괜찮아.', '사랑해.' 등의 '나에게 힘을 주는 말을,' 매직을 이용하여 적어요. 학생 수준에 따라 나에게 힘을 주는 말 쓰기 대신 긍정의 말 스티커 붙이기 활동으로 대체할 수도 있어요.

  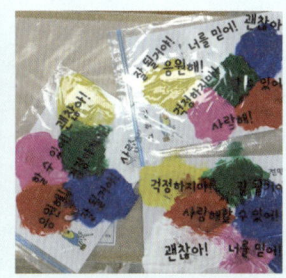

▲ 촉감 책 만들기

매직 카드 만들기는 '나에게 힘을 주는 말'을 적은 글이 마법처럼 색칠되는 신기한 책이에요.

준비물로는 매직 카드 도안, A4용지, OHP 필름, 색칠 도구, 가위, 풀 등이 필요해요. 먼저 도

▲ 매직 카드

안을 오린 후 봉투를 만들어요. 봉투를 만들 때는 가림막이 봉투 접착 면 사이에 들어갈 수 있게 만드는 것이 중요해요. 그림을 봉투에서 빼낼 때 가림막이 같이 움직이는 것을 막아주기 때문이에요. 봉투가 완성되었다면 OHP 필름에 도안 그림의 테두리 선만 따라 그리고 도안 그림은 색칠해요. 색칠된 도안 그림은 가림막 아랫면에, OHP 필름은 가림막 윗면에 들어가게 봉투에 넣어 매직 카드를 완성해요. 학생 수준에 따라 OHP 필름과 색지에 도안을 프린트해서 제시할 수도 있어요.

 매직 카드 만들기

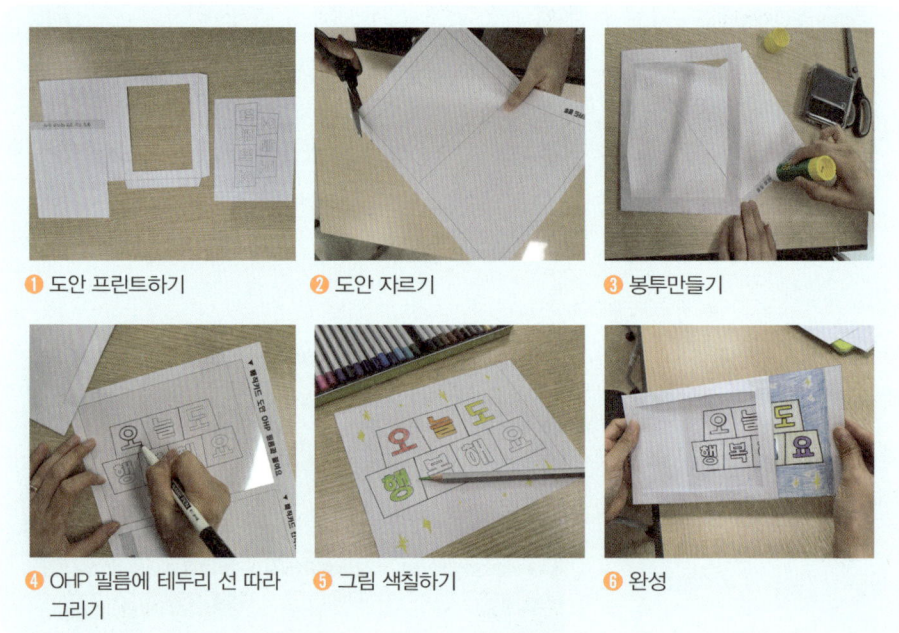

❶ 도안 프린트하기　❷ 도안 자르기　❸ 봉투만들기
❹ OHP 필름에 테두리 선 따라 그리기　❺ 그림 색칠하기　❻ 완성

에코백 꾸미기는 에코백에 자신이 들으면 '말하면 힘이 세지는 말'을 쓰고 패브릭 펜이나 크레파스를 이용하여 꾸미는 활동이에요.

준비물로는 에코백, 패브릭 펜, 패브릭 크레파스 등이 필요해요. 에코백은 평소에 준비물을 넣어 다니거나 책상 옆에 걸어 두고 물건을 보관하는 용도로 활용할 수 있고, 세상에 단 하나뿐인 나만의 가방이기에 학생들이 매우 좋아해요.

학생 수준에 따라 글을 쓰기 어려운 경우 쓰인 글에 색칠하기, 문장 따라 쓰기, 단어 쓰기, 자음과 모음으로 나타내기 등의 활동으로 대체할 수도 있어요.

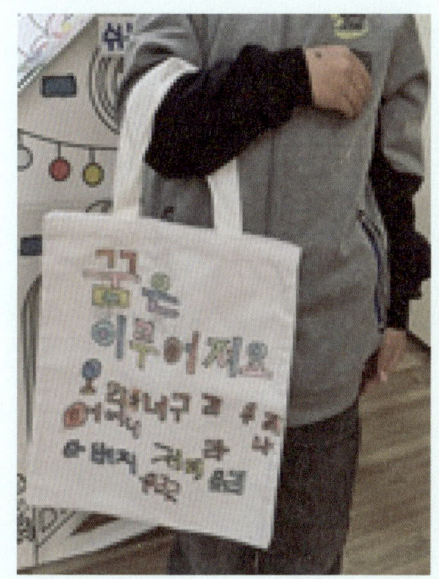 

▲ 에코백 꾸미기

씨앗 키우기는 말의 힘이 얼마나 크고 중요한지를 학생들의 눈으로 직접 확인할 수 있는 활동이에요.

준비물로는 컵 화분, 내장 컵, 심지, 배지, 무 씨, 물, 포스트잇 등이 필요해요.

먼저, 내장 컵의 구멍에 심지를 끼우고 심지를 끼워둔 컵 위에 배지를 올려둬요. 무 씨앗을 골고루 퍼지게 담아주고 물을 뿌려

▲ 씨앗 키우기

주면 멋진 화분이 완성될 수 있어요. 완성된 화분에 내가 생각하는 가장 힘이 되는 말 중에서 씨앗에게 해주고 싶은 말 '힘내!', '멋지다.' 등의 말을 포스트잇에 적어 붙여주고 씨앗의 이름도 예쁘게 만들어 불러줘요. 학생들이 매일 화분에게 힘이 되는 말을 해주고 이로 인해 씨앗이 무럭무럭 자라나는 모습을 관찰함으로써 말의 힘이 얼마나 크고 중요한지 이해할 수 있어요. 화분을 다 만들고 난 후에는 지속적으로 힘이 되는 말을 들으며 자란 씨앗이 어떤 모습으로 성장할지 상상하여 그리기 활동을 함께 할 수 있어요.

말의 힘이 얼마나 크고 중요한지를 알아보기 위한 또 하나의 활동으로 **힘이 세지는 약봉지 만들기** 수업을 진행할 수 있어요. 힘이 세지는 약은 힘이 세지는 말이 적혀 있는 약을 먹으면 긍정언어로 인해 긍정적인 사고를 할 수 있다는 의미예요. 학생들은 자신뿐만 아니라 다른 친구들에게도 내가 만든 약봉지를 선물함으로써 모두가 힘이 나고 자신감이 생길 수 있도록 응원할 수 있어요.

힘이 세지는 약봉지를 만들기 위해서는 미니 지퍼팩, 라벨지, 채색 도구, 작은 젤리나 초콜릿, 사탕, 비타민 등 준비물이 필요해요. 먼저 미니 지퍼팩에 작은 젤리나 초콜릿, 사탕, 비타민 등을 넣어요.

라벨지를 지퍼팩 크기로 자른 후 말하면 힘이 세지는 말들을 적어 약 이름을 만들고 색칠해요. 라벨지는 스티커로 되어 있어 지퍼팩 겉면에도 쉽게 붙일 수 있어요. 또, 시중에 약봉지 만들기 키트를 쉽게 구할 수 있어 구입하여 활용해도 좋아요.

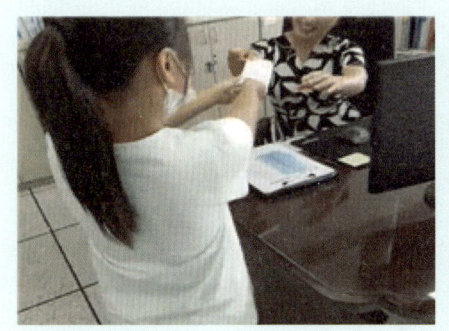
▲ 약봉투 전달하기

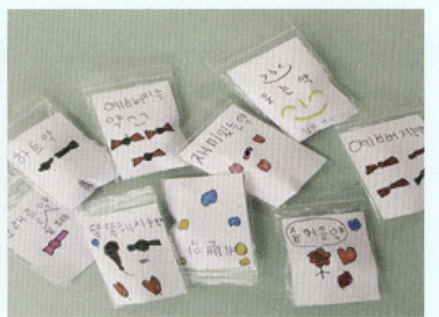
▲ 힘이 세지는 약봉지 만들기

긍정언어를 통해 나의 강점을 찾아요

말의 힘을 통해 나에게 힘이 되는 말을 알아보았다면 나의 강점을 알아보고 긍정언어를 다양하게 적용해 보는 시간이 필요해요. 나를 알아보고 표현하는 나의 강점 찾기와 나에게 힘을 주는 말을 이용한 말놀이하기, 계기교육과 연계한 활동을 해보아요.

나의 강점 찾기

나의 강점 찾기는 앞에서 실시했던 '말의 힘 알아보기'를 활용하여 자존감이 낮은 우리 학생들에게 긍정적인 마음을 키워주기 위한 활동이에요. 나의 강점 찾기는 사각 북을 활용한 나의 좋은 점 쓰기와 요술 북으로 나를 표현하기, 대상에 따른 언어 표현하기 등의 활동으로 진행해요.

사각 북 만들기는 색종이 4~5장을 접어 입체적인 책을 만드는 활동이에요.

먼저 색종이 한 장을 가로, 세로 방향으로 한 번씩 접어요. 그다음, 펼쳐진 상태로 뒤집어 대각선으로 한번 접고 양 끝 삼각형을 안쪽으로 접어요. 이 방법으로 4~5장의 색종이를 모두 접어 한쪽 면에 풀칠을 하고 다른 한 개를 포개어 붙여주면 멋진 사각 북을 완성할 수 있어요.

사각 북 첫 장에는 자신의 얼굴 사진을 붙이고 내 얼굴을 살펴보며 어떤 느낌이 드는지 이야기를 나눠요.

두 번째 장에는 내가 생각하는 나의 좋은 점(강점)을 적어요. 예를 들어 '나는 달리기를 잘한다.', '나는 잘 웃는다.' 등이 있어요.

세 번째 장에는 나에게 해주고 싶은 말을 자유롭게 써요. 나에게 힘이 되는 말을 적거나 학생 수준에 따라 나에게 주고 싶은 선물 그리기 활동으로 대체해도 좋아요.

마지막 장에는 거울 속에 비친 나의 얼굴을 그려 보고 **긍정의 주문**을 걸어보는 활동으로 마무리해요.

사각 북 만들기는 친구의 강점을 알아보는 활동에도 적용할 수 있어요.

▲ 사각 북

사각 북 만들기

❶ 가로로 접기
❷ 펴서 세로로 접기
❸ 대각선 접기
❹ 양 끝 삼각형을 안쪽으로 접어 넣기
❺ 완성된 사각 주머니 여러 장을 이어 붙이기
❻ 완성

요술 북으로 꾸며주는 말을 이용하여 나를 표현할 수 있어요. 요술 북은 책 한 권으로 두 가지의 새로운 장면을 나타낼 수 있는 신기한 책이에요.

준비물로는 A4 색지 한 장 반, 채색 도구, 가위 등이 필요해요. 먼저 A4 색지를 가로로 길게 놓고 반으로 접고 펼쳐요. 중심선을 기준으로 대문 접기를 해요. 그 상태로 가로 세로로 접어서 펼치면 16개의 사각형이 나와요.

▲ 요술 북

다시 가로로 반을 접은 후 가운데 세 칸에 가위집을 내주세요. 다른 A4 색지 반장은 세로로 반으로 접어 2등분으로 잘라주세요. 처음 만들어 놓은 A4 색지에 자른 종이를 지그재그로 넣어 요술 북을 완성해요. 완성된 요술 북에 나의 강점을 표현할 수 있는 꾸며주는 말을 붙여 이름을 적어요. 예를 들어 '똑똑한 ○○이', '사랑스러운 ○○이' 등을 쓸 수 있어요. 또, 친구 이름에도 친구의 강점을 표현하는 여러 가지 꾸며주는 말을 적을 수 있어요.

요술 북 만들기

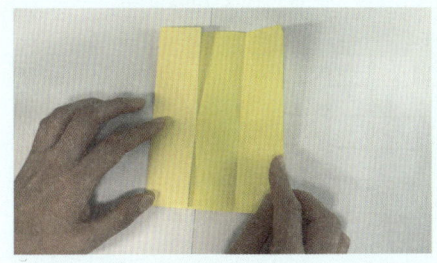
❶ 반으로 접고 대문 접기

❷ 가로 세로로 접어 16개의 사각형 나오게 만들기

❸ 반으로 접은 후 가운데 3칸의 가위집 내기

❹ 색종이 반장을 다시 2등분으로 나누기

❺ 자른 종이를 지그재그로 넣기

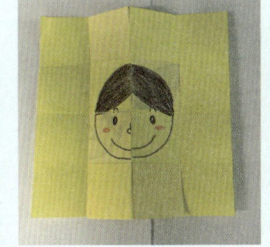
❻ 완성

대상에 따른 언어 표현하기는 말하는 대상에 따라 올바른 언어표현 방법을 익히는 활동이에요. 예를 들어, 선물을 받았을 때 어른에게는 '감사합니다.', 친구에게는 '고마워.'라고 표현할 수 있어요. 부탁하는 말을 할 때 어른에게는 '도와주세요.', 친구에게는 '부탁해', '도와줘'라고 말해요. 또, 맛있는 식사를 할 때 어른에게는 '먼저 드세요.', 친구에게는 '먼저 먹어.'라고 말할 수 있어요. 학생들이 어른과 아이 등의 역할을 정해 역할극을 하며 직접 체험해 보면 더 좋아요.

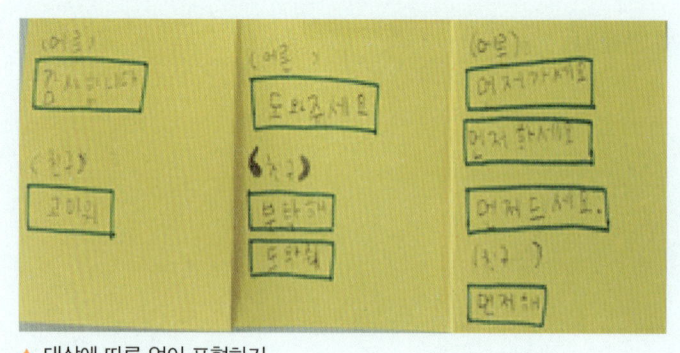

▲ 대상에 따른 언어 표현하기

말놀이하기

말놀이는 말을 주고받으면서 하는 모든 놀이를 말해요. 말놀이는 문해력 성장의 핵심으로 학생들의 언어발달을 도와 글을 자연스럽게 읽을 수 있는 유창성을 키울 수 있어요.

아이엠 그라운드게임은 모두에게 친숙한 게임을 응용하여 말놀이하는 활동이에요. 먼저 무릎치기-손뼉치기-오른손 주먹 쥐고 엄지척 -왼손 주먹 쥐고 엄지척 등의 동작을 반복하는 신체활동을 함께하며 게임을 시작해요. 모든 학생이 시계 방향으로 돌아가며 우리에게 힘을 주는 말을 박자에 맞추어 말하고 시간 내에 말하지 못하면 탈락하게 돼요. 신체활동을 병행하며 박자에 맞추어 말해야 하는 게임이기 때문에 긴 문장보다는 2~3글자로 맞춰 말하면 더 쉽게 게임에 참여할 수 있어요.

만약 시간 내에 말하기 어려운 학생들이 있다면 게임 시작 전에 우리에게 힘을 주는 말들을 찾아보는 활동을 하고 칠판에 판서한 후 보면서 게임을 진행하면 좋아요.

> **대화 예시**
>
> **아이엠 그라운드게임 활용 방법**
>
> 전체: 아이엠 그라운드 지금부터 시작~!
>
> 전체: 아이엠 그라운드 자기소개하기!
>
> 학생 1: 사랑이
>
> 학생 2: 행복이
>
> 학생 3: 소망이
>
> 전체: 아이엠 그라운드 힘이 되는 말 시작
>
> 학생 1: 힘내자
>
> 학생 2: 최고야
>
> 학생 3: 소중해
>
> 학생 1: 사랑해
>
> 학생 2: 훌륭해
>
> 학생 3: 행복해

힘이 나는 말 게임은 〈시장에 가면〉 게임을 활용한 놀이로, 학생들이 서로 돌아가면서 '들으면 힘이 되는 말'들을 덧붙이는 방법으로 진행해요.

첫 학생이 '들으면 힘이 되는 말'을 말하는 것을 시작으로 다른 학생들은 자기 차례 전까지 나온 것을 쭉 말하고 그 뒤에 자신이 하고 싶은 말을 하는 방식이에요. 이때, 앞에서 말한 친구들이 말한 내용과 다르거나 순서를 잘못 말하거나 들으면 힘이 되는 말이 아닌 전혀 상관없는 말들을 나열하면 지는 규칙을 적용해요.

이 게임은 친구들이 말했던 '들으면 힘이 되는 말'들을 반복적으로 말하고 듣게 되면서 자신도 모르게 자신감이 생기고 긍정적인 사고를 하게 되는 효과를 볼 수 있어요.

> **대화 예시**
>
> **힘이 나는 말 게임 활용 방법**
>
> 학생 1: 힘이 나는 말은 **잘해요**가 있고~
>
> 학생 2: 힘이 나는 말은 **잘해요**가 있고, **포기안해**가 있고~
>
> 학생 3: 힘이 나는 말은 **잘해요**가 있고, **포기안해**가 있고, **좋아해**가 있고~
>
> 학생 1: 힘이 나는 말은 **잘해요**가 있고, **포기안해**가 있고, **좋아해**가 있고, **힘내요**가 있고~
>
> 학생 2: 힘이 나는 말은 **잘해요**가 있고, **포기안해**가 있고, **좋아해**가 있고, **힘내요**가 있고, **괜찮아**가 있다.

주고받는 말놀이는 묻고 답하면서 서로 말을 주고받는 놀이에요. 그림책에서 살펴보았던 내용을 중심으로 주고받는 말놀이를 하면 좋아요. 학생 수준에 따라 그림책을 찾아보면서 할 수도 있어요.

> **대화 예시**
>
> **주고받는 말놀이 활용 방법**
>
> 교사 1: 슬플 때 들으면 힘이 나는 말은 무엇일까요?
>
> 학생 1: 괜찮아 힘내!
>
> 교사 1: 받아쓰기 30점 받아서 속상할 때 들으면 힘이 나는 말은 무엇일까요?
>
> 학생 2: 포기하지 말아요.
>
> 교사 1: 달리기 시합에서 1등 하기 위해 열심히 연습했을 때 들으면 힘이 나는 말은 무엇일까요?
>
> 학생 3: 꿈은 이루어져요.

5글자 놀이는 모든 대답을 5글자로 맞춰 대답하는 놀이에요. 그림책에서 보았던 우리에게 힘을 주는 말이나 내가 평소에 듣고 싶었던 힘을 주는 말을 5글자로 표현하면 좋아요.

▲ 5글자 놀이 활용 방법

계기교육과 연계하기

'말하면 힘이 세지는 말' 그림책을 이용하여 장애인의날, 어버이날, 한글날, 친구의 날 등 다양한 계기교육과 연계하여 수업을 진행해요.

장애인의날은 장애인에 대한 국민의 이해를 깊게 하고, 장애인의 재활 의욕을 높이기 위해 제정한 날이에요. 장애가 있든 없든 우리는 모두 소중한 사람이고 대한민국의 국민임을 이해시키기 위한 활동을 해요. **장애인의날 표어 만들기**는 서로에게 힘이 될 수 있는 말인 '서로서로 도와요.', '함께 걸어요.', '꽃길로만 가세요.' 등을 활용할 수 있어요.

어버이날은 어버이에 대한 은혜를 되새기자는 뜻으로 제정된 기념일이에요.

▲ 장애인의날 표어 만들기

"부모님께 힘이 되는 말은 무슨 말일까?", "부모님을 기분 좋게 해드릴 방법이 있을까?"라는 질문을 통해 학생들과 이야기를 나누고 효도 쿠폰을 만들어 활용할 수 있어요.

효도 쿠폰을 만드는 방법은 먼저 쿠폰에 부모님을 도와줄 수 있는 일을 적고, 발행인에는 학생 이름을 적은 후 유효기간에는 쿠폰을 사용할 수 있는 날짜를 적어요. 학생 수준에 따라 글로 적기 어려운 학생은 그림을 그리거나 단어 따라 쓰기로 대체하여 쿠폰을 완성할 수 있어요. 부모님께는 쿠폰을 사용하신 후 느낀 점을 적을 수 있는 평가장을 안내해요. 이렇게 어버이날과 연계한 수업은 스승의 날 계기교육 수업 시 부모님 대신 선생님으로 대체하여 같은 방법으로 적용해 볼 수 있어요.

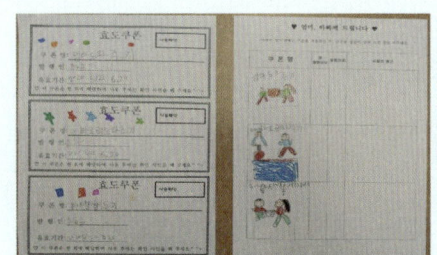 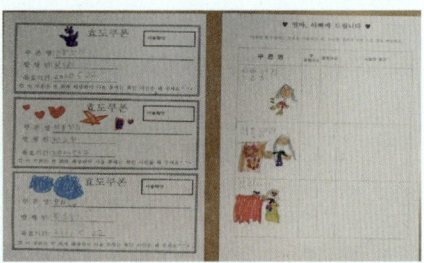

▲ 효도 쿠폰 만들기

한글날은 세종대왕의 훈민정음 반포를 기념하고 한글의 연구, 보급을 장려하기 위하여 정한 날이에요. 한글의 소중함과 한글에 대한 흥미를 갖고 바르고 고운 말을 사용하는 습관을 기르기 위해 단어 만들기 게임과 입체 한

▲ 단어 만들기 게임

글을 꾸미기, 한글 벽화 협동작품 만들기 활동 등으로 구성해요.

한글 게임은 교실 속 숨겨진 자·모음자를 찾아서 제시한 그림에 알맞은 단어를 만드는 게임이에요. 학생 수준에 따라 제시한 것과 같은 글자 찾기, 받침 'ㅇ', 'ㅁ', 'ㄹ', 'ㄴ', 'ㄱ', 'ㅂ' 글자 카드 찾아보기, 사라진 받침 채우기, 반투명 포스트잇을 활용하여 글자 완성하기, 받침 있는 글자 그림 카드 찾아보기 등으로 대체할 수 있어요.

입체 한글 꾸미기는 한글의 소중함과 위대함을 생각하며 자음과 모음을 각각 입체적으로 접어 만들고 꾸미는 활동이에요. 입체 한글은 종이를 접어 표현할 수도 있고 우드락을 잘라서 다양한 색으로 꾸밀 수도 있어요.

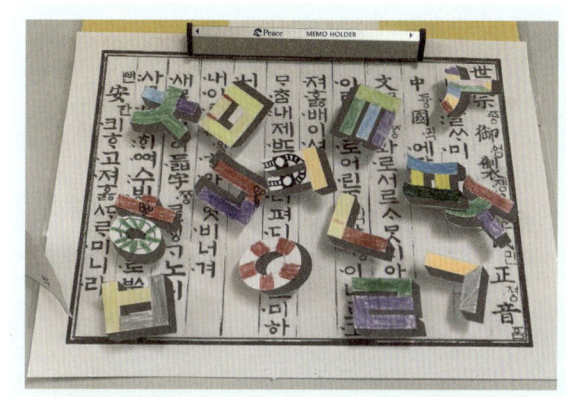
▲ 입체 한글 꾸미기

한글 벽화 협동작품 만들기는 학생들이 꾸민 낱자를 모두 모아 문장으로 완성하여 벽화로 전시해 보는 활동이에요. 준비물로는 글씨가 프린트된 종이, 채색 도구, 풀 등이 필요해요. 학생 수준에 따라 직접 글자를 쓰거나 스티커 붙이기, 도장 찍기 등 다양한 방법으로 벽화용 낱자를 만들고 조합하여 그림책에 나오는 문장을 만들 수 있어요. 이 활동은 문장도 익히고 재미와 성취감도 느낄 수 있어서 학생들에게 매우 유익해요.

▲ 한글 벽화 협동작품

친구의 날(사과데이)은 서먹한 둘이 서로 사과하고 화해하는 날로, 나로 인해 마음 아팠을 친구에게 사과의 편지를 써서 오해와 갈등을 해소하는 날이에요. 올바른 언어 습관을 길러 주기 위해 친구에게 예쁘게 말하기, 평소 나로 인해 마음 아팠을 친구에게 사과하기, 친구와 잘 지내는 방법 알아보기 책 만들기 등으로 구성해요. 학교에서 매년 실시하는 '친구 사랑 주간'과 연계하여 평소 나로 인해 마음 아팠을 친구에게 사과의 편지를 작성하고 미니사과나 사과 쿠키, 사과주스 등과 함께 전달하면 좋아요.

주변에서 쉽게 구할 수 있는 스크랩북을 활용하여 '친구와 잘 지내는 방법' 책을 만들 수도 있어요. 책에는 '어떻게 하면 친구들과 잘 지낼 수 있을까?'라는 주제로 그림을 그리거나 학생들이 친구와 잘 지내는 방법에 관련된 역할극을 해보고 그 모습을 사진으로 찍어 나타낼 수도 있어요.

책은 '친구를 만날 때 어떤 표정이나 모습을 보여줘야 할까?', '친구와 대화를 할 때 어떻게 말해야 할까?', '친구와 게임이나 놀이를 할 때 어떻게 해야 잘 지낼 수 있을까?' 등의 내용으로 구성할 수 있어요.

▲ 친구와 잘 지내는 방법 책 만들기

 **말하면 힘이 세지는 말**

《말하면 힘이 세지는 말》로 릴레이 수업 나눔을 실시했어요.

첫 번째 수업은 책 표지 그림을 살펴보고 제목을 읽고 꾸미는 활동을 했어요.

두 번째 수업은 '3D 입체 북 만들기' 수업을 했어요.

세 번째 수업은 그림책을 이용하여 한글날 계기교육 수업을 했어요.

첫 번째 수업
- 활동 ❶ 그림책 표지 살펴보기
- 활동 ❷ '말하면 힘이 세지는 말' 중 인상 깊은 문장 쓰기
- 활동 ❸ 가장 힘이 센 모습을 동작이나 말로 표현하기

세 번째 수업
- 활동 ❶ 한글날 알아보기
- 활동 ❷ 자·모음을 조합하여 단어 만들기 게임 하기
- 활동 ❸ 한글 벽화 협동작품 꾸미기

두 번째 수업
- 활동 ❶ 책 돌려 읽고 소감 나누기
- 활동 ❷ 3D 입체 북 만들기
- 활동 ❸ 3D 입체 북 소개하기

| 참고 | **수업 나눔일지(릴레이 수업)** |

《말하면 힘이 세지는 말》로 릴레이 수업 나눔을 실시했어요.

첫 번째 수업은 책 표지 그림을 살펴보고 제목을 읽고 꾸미는 활동을 했어요. 또한 '말하면 힘이 세지는 말' 중 인상 깊은 문장을 떠올려 말풍선에 쓰기 수업으로 진행하였어요.

활동내용	**활동 1** 그림책 표지 살펴보기
	활동 2 – 제목 찾아보기 – 표지 그림에서 보이는 것 찾아 쓰기 – '말하면 힘이 세지는 말' 한 글자씩 읽고 꾸미기 – 힘이 센 대상의 모습이나 힘이 세지는 말 자유롭게 나누기 – '말하면 힘이 되는 말' 중 인상 깊은 문장을 떠올려 말풍선에 예쁜 글씨로 쓰기
	활동 3 – 꾸민 글자를 교실에 전시하기 – 친구들 앞에서 가장 힘이 센 모습을 몸동작이나 말로 표현하기

두 번째 수업은 '책 만들기' 수업을 했어요. OHP 필름을 이용하여 말하면 힘이 세지는 말과 나에게 힘을 주는 말 등 두 종류의 책 만들기 활동으로 진행하였어요

활동내용	**활동 1** 그림책 읽고 소감 나누기 – 돌려 읽기(한 장씩 읽고 옆 친구에게 넘기는 방법) – 읽은 뒤 소감 나누기
	활동 2 – 인물에게 일어난 일 알아보기 – 3D 입체 북 만들기 1 ('말하면 힘이 세지는 말' 책 만들기) ; 책 그림 위에 OHP 필름을 얹고 펜을 이용하여 따라 그리고 색칠하기) – 책의 내용이나 주요 단어 적기 – 3D 입체 북 만들기 2 ('나에게 힘을 주는 말' 책 만들기) ; 내가 평소에 듣고 싶었던 "나에게 힘을 주는 말"을 적고 그림으로 표현하기
	활동 3 – 친구들에게 3D 입체 북 소개하기

세 번째 수업은 그림책을 이용하여 한글날 계기교육 수업을 진행하였어요. 자·모음을 조합하여 단어 만들기 게임과 입체 한글 꾸미기, 한글 벽화 협동작품 만들기 등을 실시했어요.

활동내용	활동 1 한글날 알아보기
	활동 2 – 자·모음을 조합하여 단어 만들기 게임 하기 – 교실 속 숨겨진 자·모음을 찾아 그림에 알맞은 단어 만들기 – 입체 한글 꾸미기
	활동 3 – 장면을 보고 어울리는 단어나 문장 쓰기 – '말하면 힘이 세지는 말' 한글 벽화 만들기

감자가 만났어
수초이 글, 그림
후르츠갓마이테일

꾸며주는 말을 쓰고 싶어요

감자가 친구를 만나 무엇으로 변신했을까요?

"여러 가지 단어를 이용하여 짧은 문장 쓰기를 익힌 학생들은 좀 더 갖추어진 문장으로 자신의 생각을 표현할 수 있어야 해요.
자신의 생각을 효과적으로 표현하기 위해 주변에 있는 익숙한 소재들을 탐색하고, 특징을 말이나 문장으로 표현해 보는 수업을 디자인해요."

동기유발

궁금 상자 안에 든 채소나 과일을 손으로 만져보고 어떤 채소나 과일인지 맞혀봐요.

우리 학교 텃밭에 내가 심은 채소나 과일을 수확해요.

채소나 과일의 잘린 단면 모습을 보고 어떤 채소나 과일인지 맞혀봐요.

꾸며주는 말(의성어, 의태어 포함)을 익혀요

자신의 생각과 느낌을 표현하는 것은 여러 사람과 함께 어울려 살아가는 우리에게 필요한 능력이라고 생각해요. 이를 위해 학생들은 짧고 단순한 형태의 문장보다는 좀 더 갖추어진 문장을 사용해야 해요. 교사는 학생들이 자주 접하는 소재를 활용하여 자신의 생각과 느낌을 효과적으로 표현할 수 있도록 기회를 줄 수 있어요. 꾸며주는 말을 익히기 위해 여러 가지 채소나 과일 알아보기, 채소나 과일의 이름과 특징 익히기, 여러 가지 꾸며주는 말 찾기 활동을 진행해요.

여러 가지 채소·과일 알아보기

꾸며주는 말을 익히기 위해서는 익숙하거나 친근한 대상을 활용하여 다양한 방법으로 특징을 탐색할 기회를 주는 것이 필요해요. 이를 위해 학생들이 좋아하는 채소나 과일 탐색하기, 채소나 과일 모형 만들기, 감자 요리와 채소나 과일 요리 만들기, 채소나 과일의 이름과 특징을 익히는 활동으로 구성해요.

채소·과일 탐색하기는 학생들이 자신이 좋아하는 채소나 과일을 가정에서 가져와서 친구들에게 소개하는 활동이에요. 또 친구들이 가져온 채소나 과일 중 궁금한 채소나 과일을 직접 만져보고, 향도 맡아보고, 맛을 보며 탐색해요. 이 활동을 통해 채소나 과일의 색깔, 모양, 촉감, 향, 맛 등을 알아볼 수 있어요.

▲ 채소나 과일 탐색하기

채소·과일 모형 만들기는 학생들이 탐

색해 본 채소와 과일 중 내가 좋아하는 채소와 과일을 모형으로 만드는 활동이에요. 활동 준비물로는 신문지, 한지, 가위, 물풀, 테이프, 눈알 스티커 등이 필요해요. 만드는 방법은 신문지를 구겨 뭉쳐서 모양을 만들어 물풀을 바른 후, 원하는 한지를 골라 붙여서 채소나 과일 모형을 완성해요. 학생들이 뭉쳐진 신문지를 손으로 누르기만 하면 모양이 만들어져 쉽게 작품을 완성할 수 있어요.

▲ 채소 · 과일 모형 만들기

감자 요리 만들기는 감자와 만난 여러 가지 채소들이 어떤 요리가 될지 상상하면서 학생들과 함께 요리를 만들어 먹는 활동이에요. 추천하는 감자 요리는 감자샐러드예요. 감자샐러드는 감자를 으깨고 잘게 썬 여러 가지 채소를 섞어 만드는 요리로, 학생들이 쉽게 만들 수 있어 좋아요. 학생들이 만든 감자샐러드를 이용하여 샌드위치나 카나페도 만들어 먹을 수 있어요.

채소 · 과일 요리 만들기는 학생들이 자신이 좋아하는 과일과 채소를 이용하여 샐러드를 만들어 먹

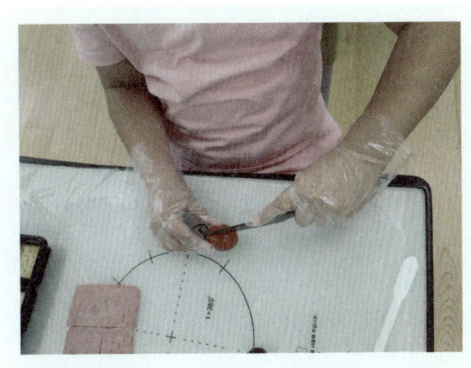

▲ 요리 만들기

는 활동이에요. 각자 좋아하는 과일과 채소를 선택하여 잘게 썬 후, 원하는 소스를 뿌려 샐러드로 만들어요. 음식을 완성한 후에는 학생들이 자신이 좋아하는 과일과 채소를 친구들에게 소개하며 나눠 먹어요.

▲ 요리 만들기

채소·과일 이름과 특징 익히기

채소나 과일의 특징 탐색이 끝난 후에는 탐색한 느낌을 꾸며주는 말로 표현할 수 있어요. 교사는 학생의 학습 수준에 따라 꾸며주는 말을 익히기 위한 다양한 수업 방법을 제시할 수 있어요. 채소나 과일 이름과 특징 익히기는 채소나 과일의 이름 익히기와 특징 익히기로 구성해요.

채소·과일 이름 익히기는 학생들이 직접 탐색해본 채소나 과일의 이름을 익히는 활동이에요. 이 활동에서는 학생의 학습 수준에 따라 **개별화**된 학습 방법을 제시해요.

글자를 스스로 읽고 쓸 수 있는 학생은 채소나 과일의 이름을 읽고 쓰도록 하고, 글자를 따라 쓸 수 있는 학생은 반투명 포스트잇을 활용하여 글씨에 대고 이름을 따라 쓸 수 있도록 하면 좋아요. 반면에 글을 읽고 쓰기 어려운 학생은 교

▲ 반투명 포스트잇을 활용한 채소나 과일 이름 따라 쓰기

사가 읽어주는 채소나 과일의 이름을 듣고, 알맞은 채소나 과일 그림 카드를 고를 수 있어요. 또 교사가 제시한 채소나 과일과 같은 그림 카드를 고르는 방법도 있어요.

▲ 채소나 과일 이름 익히기 학습지와 그림카드

이렇게 익힌 이름들을 활용하여 말놀이와 연계할 수 있어요. 예를 들어, '내가 좋아하는 과일(채소)과 **말놀이**(시장에 가면)'를 연계하여 다양한 채소나 과일의 이름을 재미있게 익혀요.

놀이 방법은 학생들이 번갈아 가면서 여러 가지 과일의 이름을 말해요. 이때, 교사는 학생들이 서로 같은 과일의 이름을

▲ 채소나 과일 그림 · 글자 카드

부르지 않도록 규칙을 정해요. 단, 기억하기 어려운 학생들을 위해 자신이 말한 과일(채소) 글자·그림 카드를 칠판에 붙이면서 놀이해도 좋아요.

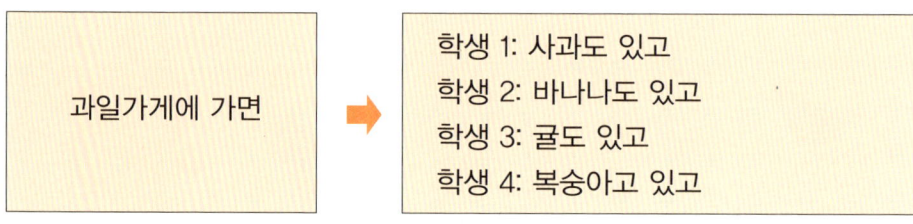

채소·과일 특징 익히기는 학생들이 직접 채소나 과일을 탐색한 느낌을 말이나 글로 표현해 보거나, 그림책에 나오는 채소나 과일의 특징을 알아보는 활동이에요. 말로 표현하거나 글로 쓰는 활동을 하기 전에 교사가 각 채소나 과일의 색깔, 모양, 맛, 향, 촉감 등을 나누어 질문함으로써 학생들이 채소나 과일의 특징을 무엇인지 쉽게 이해할 수 있도록 하는 것이 좋아요. 채소나 과일의 특징을 알아본 후에는 교사가 채소나 과일의 특징을 넣은 짧은 문장을 만들어 제시하고 학생들이 따라 쓰거나 '무엇은 무엇이다'와 같은 특징을 나타내는 짧은 문장을 만드는 연습을 해요.

▲ 채소나 과일 특징 익히기

또, 교사가 운율이 있거나 노래 가사처럼 쉽게 외울 수 있는 문장을 만들어 제시해요. 학생들은 노래를 부르듯이 자연스럽게 문장을 익혀요.

더 나아가 채소나 과일의 이름 익히기 활동과 연계

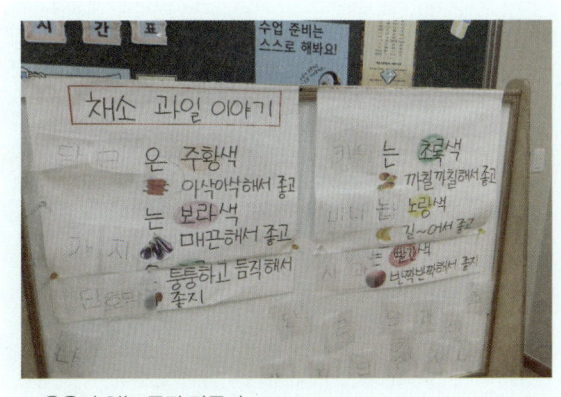

▲ 운율이 있는 문장 만들기

하여 채소나 과일의 특징만을 제시한 후, 학생들이 어떤 채소나 과일인지 말이나 글로 표현하는 활동도 할 수 있어요.

여러 가지 꾸며주는 말 찾기

여러 가지 꾸며주는 말 찾기는 학생 스스로 다양한 매체에서 꾸며주는 말을 찾고, 나만의 꾸며주는 말을 만드는 연습을 할 수 있도록 꾸며주는 말 찾기와 꾸며주는 말 만들기, 비슷한 꾸며주는 말로 바꾸기로 구성해요.

꾸며주는 말 찾기는 학생들이 좋아하는 책에서 꾸며주는 말을 찾아보는 활동이에요. 이 활동은 '도서관 이용하기'와 《단어수집가》에서 활용한 **단어 수집책** 만들기' 활동을 연계하면 좋아요. 교사는 학생들과 도서관을 방문하여 학생들이 좋아하는 책을 직접 골라 빌릴 수 있도록 해요.

학생들은 자신이 빌린 책에서 다양한 꾸며주는 말을 찾아 '단어 수집책'에 꾸며주는 말을 수집해요. 글을 쓰기 어려운 학생은 태블릿PC나 핸드폰으로 사진을 찍어 수집할 수 있어요.

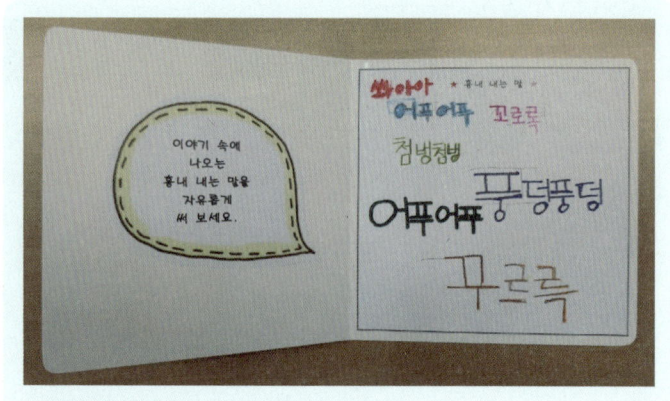

▲ 꾸며주는 말 찾기

꾸며주는 말 만들기는 글이 없는 그림책을 제시하고 학생들이 그림 속 꾸며주는 말을 상상해 보는 활동이에요. 등장인물이나 배경 그림을 보고 꾸며주는 말을 떠올려 이야기해 보고 말풍선 모양 포스트잇을 활용하여 꾸며주는 말을 적어요. 예를 들어, 넘어진 주인공 그림을 보고 '꽈당'으로, 우는 친구 그림을 보고 '엉엉'이라고 표현해요.

▲ 꾸며주는 말 만들기

비슷한 꾸며주는 말로 바꾸기는 그림책 속 꾸며주는 말을 비슷한 꾸며주는 말로 바꾸어 보는 활동이에요. 그림책 속 꾸며주는 말을 활동지로 제시할 경우, 그림책 장면이나 꾸며주는 말이 쓰인 상황을 같이 보여준다면 학생들이 비슷한 꾸며주는 말을 좀 더 쉽게 찾을 수 있어요. 이때, 스스로 비슷한 꾸며주는 말을 찾기 어려운 학생에게는 여러 가지 꾸며주는 말을 보기처럼 제시하여 알맞은 것을 찾을 수 있도록 해요.

그림책 속에서 찾은 꾸며주는 말	비슷한 꾸며주는 말
덜덜 엄마가 아끼는 물건을 깨뜨려 걱정하는 장면	
까르르 친구와 함께 즐겁게 노는 장면	

▲ 비슷한 꾸며주는 말로 바꾸기

꾸며주는 말로 표현해요

꾸며주는 말을 학습한 후에는 학생들이 꾸며주는 말을 사용하여 문장으로 표현하는 연습이 필요해요. 학생들이 읽기와 쓰기 활동을 중심으로 학습하기 전에 학생의 흥미와 관심을 불러일으킬 수 있도록 체험과 놀이 중심의 활동을 먼저 하는 것이 좋아요. 꾸며주는 말로 표현해요는 감자와 만나면 상상하기와 꾸며주는 말로 놀이하기로 진행해요.

감자와 만나면 상상하기

감자와 만나면 상상하기는 그림책을 통해 꾸며주는 말을 익힌 학생들이 나만의 꾸며주는 말을 만들어 표현할 수 있도록 나만의 감자 꾸미기와 나만의 이야기 만들기 활동으로 구성해요.

나만의 감자 꾸미기는 학생이 그림책 내용처럼 감자와 다양한 채소나 과일을 이용하며 여러 가지 모양을 만들어 보는 활동이에요. 이때, 실물 감자와 채소, 과일을 활용하면 주의 집중 시간이 짧은 학생들도 흥미 있게 참여할 수 있어요. 흰 도화지 위에 감자와 채소, 과일을 올리고 사인펜이나 색연필 등 색칠 도구를 사용하여 작품을 꾸며요. 실물 채소와 과일은 종이에 붙이기 어렵고 보관할 수 없으므로 **사진**을 찍어 작품으로 남길 수 있어요.

▲ 실물 채소와 과일을 이용하여 나만의 감자 꾸미기

좀 더 다양한 감자와 채소, 과일을 활용하기 위해서는 **그림**이나 **사진**을 활용해도 좋아요. 그림이나 사진은 실물보다는 모양이 다양해서 마트 광고지, 잡지, 안 쓰는 교과서에서 원하는 모양을 쉽게 찾을 수 있어요. 그림이나 사진을 오리고 붙이는 조작 활동은 학생들의 눈과 손의 협응력과 소근육을 발달시킬 수 있어요.

▲ 그림이나 사진을 활용하여 나만의 감자 꾸미기

또 **태블릿PC**를 활용하여 꾸밀 수도 있어요. '미리캔버스' 사이트를 통해 학생들이 직접 검색하여 원하는 과일과 채소 모양을 찾고, 그림의 크기나 색깔 등을 조절하여 완성해요.

▲ 태블릿PC로 나만의 감자 꾸미기

태블릿PC를 활용하면 그림을 그리는 것에 자신이 없는 학생들에게 그림을 그리고 색칠하는 것에 대한 부담을 줄여주는 데 도움이 돼요. 또 평소에 사용하지 못했던 그리기 도구를 사용함으로써 흥미와 관심을 높일 수도 있어요.

나만의 이야기 만들기는 학생들이 나만의 감자 꾸미기 활동을 통하여 만든 작품에 관한 이야기를 짧은 문장으로 만드는 활동이에요. 교사는 그림책처럼 문장의 틀을 제시하고 학생들이 빈칸에 알맞은 말을 쓰도록 안내해요.

이때, 교사는 채소와 과일의 꾸며주는 말을 쓰도록 안내해야 해요. 글쓰기가 어려운 학생은 여러 가지 꾸며주는 말을 보기로 제시하고 알맞은 것을 골라 따라 쓸 수 있도록 해요.

▲ 나만의 이야기 만들기

꾸며주는 말로 놀이하기

꾸며주는 말로 놀이하기는 학생들이 익힌 꾸며주는 말을 활용하여 재미있게 놀이를 해보는 거예요. 꾸며주는 말로 놀이하기는 꾸며주는 말 다섯 고개와 꾸며주는 말 릴레이로 구성해요.

꾸며주는 말 다섯 고개는 학생들이 대상의 특징(꾸며주는 말)을 듣고 어떤 대상인지 맞추는 게임이에요. 교사는 문제를 내는 학생에게 여러 가지 대상(채소, 과일, 동물 등) 중 한 가지를 골라 그림으로 보여줘요. 문제를 푸는 학생은 문제를 내는 학생에게 **대상의 특징**(색깔, 모양, 촉감, 맛, 향)에 관해서 질문하고, 문제를 내는 학생은 그림으로 본 대상의 특징을 생각하며 질문에 대답해요. 문제를 푸는 학생은 문제를 내는 학생이 들려주는 대상의 특징을 듣고 어떤 대상인지 맞추면 돼요.

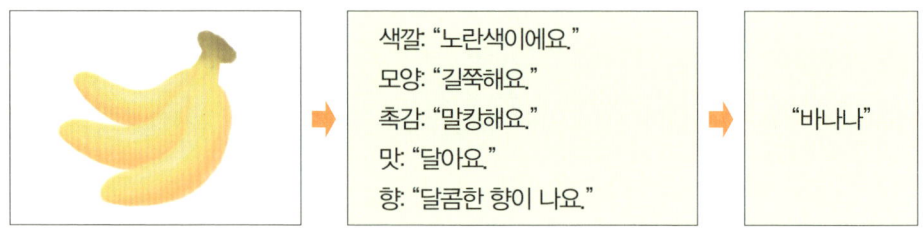

▲ 꾸며주는 말 다섯 고개

꾸며주는 말 릴레이는 학생들이 교사가 제시한 대상(채소, 과일, 동물 등)의 그림을 보고 알맞은 꾸며주는 말을 돌아가면서 이야기하는 게임이에요. 이때, 교사는 학생들이 대상의 특징을 생각할 수 있도록 **범주**(색깔, 모양, 촉감, 맛, 향)를 제시해 주면 좋아요.

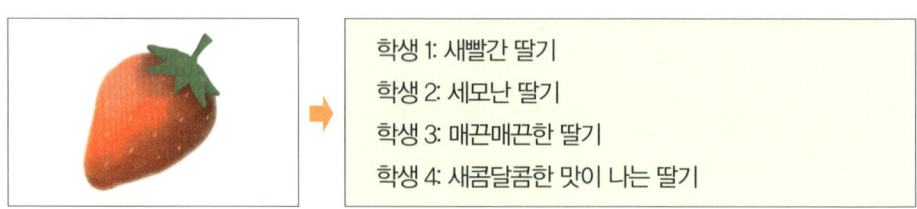

▲ 꾸며주는 말 릴레이

 ## 꾸며주는 말로 나만의 책을 만들어요

꾸며주는 말로 표현하는 방법을 익힌 학생들은 그림책 작가가 되어 나만의 그림책을 만들어요. 나만의 그림책을 만드는 활동은 그림책을 활용한 수업의 좋은 마무리 활동으로, 학생들이 의미 있는 결과물을 만듦으로써 스스로 열심히 했다는 자신감을 가질 수 있어요. 꾸며주는 말로 나만의 책을 만들어요는 여러 가지 방법으로 나만의 책 만들기와 내가 만든 책 들려주기로 진행해요.

여러 가지 방법으로 나만의 책 만들기

꾸며주는 말로 표현하는 방법을 익힌 학생들은 자신만의 꾸며주는 말을 이용하여 책을 만드는 활동을 할 수 있어요. 여러 가지 방법으로 나만의 책 만들기는 〈우리 반 감자가 만났어〉 책 만들기, 〈우리 반 글자가 만났어〉 책 만들기로 구성해요.

▲ 〈우리 반 감자가 만났어〉 책 만들기

〈우리 반 감자가 만났어〉 책 만들기는 학생들이 자신만의 《감자가 만났어》를 만들어 보는 활동이에요. 이 활동을 통해 학생들은 꾸며주는 말을 사용하여 문장으로 표현하는 연습을 할 수 있어요.

필요한 준비물로는 그림책 틀, 여러 가지 채소와 과일 등의 오리고 붙이기 자료, 사인펜, 색연필 등 색칠 도구, 풀, 가위 등이에요.

학생들은 《감자가 만났어》에 나왔던 채소와 과일뿐만 아니라 다양한 소재를 활용하여 감자가 새로운 친구를 만났을 때를 상상해 보고 작품을 완성해요.

작품을 완성한 후에는 그림책 틀에 맞추어 꾸며주는 말을 넣어 문장을 만들어요. 문장을 쓰기 어려운 학생은 자신이 표현한 것을 단어로 적도록 안내해요.

▲ 〈우리 반 감자가 만났어〉 책 만들기

〈우리 반 글자가 만났어〉 책 만들기는 감자 대신 한글이라는 소재를 활용하여 책을 만드는 활동이에요.

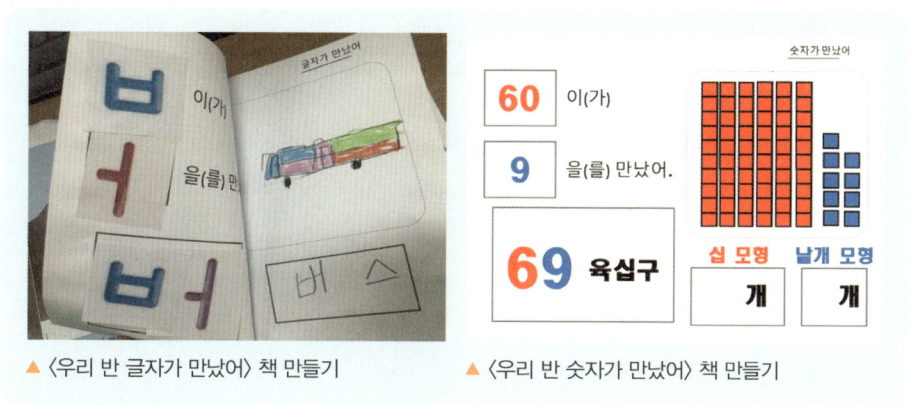

▲ 〈우리 반 글자가 만났어〉 책 만들기　　▲ 〈우리 반 숫자가 만났어〉 책 만들기

준비물로는 그림책 틀, 한글 자·모음 오리기 자료, 가위, 풀, 사인펜, 색연필 등의 색칠 도구를 제시해요. 학생들은 한글 자·모음을 이용해 내가 만들고 싶은 글자를 만들어 책으로 완성할 수 있어요.

이 활동은 각 숫자의 **자릿값**을 알아보는 수학 시간에도 활용할 수 있어요. 예를 들어, 60과 9과 만나서 69라는 숫자로 나타내는 것을 보여주고, 이를 수모형을 붙여 표현해요.

내가 만든 책 들려주기

이제 학생들은 자신이 만든 그림책을 부모님, 친구들에게 들려주는 시간을 가지는 거예요. 학생들에게 자신이 만든 의미 있는 결과물을 발표하는 기회를 주는 것은 다른 사람들 앞에서 자신의 생각을 표현하기 위해, 필요한 과정이라고 생각해요. 내가 만든 책 들려주기는 작가가 되어 책 소개하기와 오디오북 들려주기로 구성해요.

작가가 되어 책 소개하기는 학생이 작가가 되어 친구들 앞에서 발표하는 활동이에요. 교사는 먼저 '작가'라는 직업에 대해 안내하고 학생들이 작가가 되어 자신이 만든 작품을 소개할 수 있도록 함께 교실을 전시회장처럼 꾸며요. 이 활동은 작품 완성에 대한 성취감을 학생 스스로 가질 수 있을 뿐만 아니라 작품에 대한 자신의 생각을 다른 사람들에게 전달함으로써 자존감을 높일 수 있어요.

오디오북 들려주기는 학생이 만든 작품 사진을 이용해 이야기를 꾸며, 오디오북으로 만드는 활동이에요. 교사는 학생들의 작품을 이용하여 학생 스스로 읽을 수 읽는 짧은 문장으로 이루어진 이야기를 만들어 제시해요. 학생들은 자신이 만든 작품의 짧은 이야기를 직접 읽고 교사는 학생의 음성을 녹음해요. 그리고 학생들의 작품 사진으로 만든 동영상에 녹음한 파일을 삽입하여 오디오북으로 만들어요.

이때, 자발화가 어려운 친구는 목소리 대신 몸으로 표현한 모습을 찍은 동영상을 삽입할 수 있어요. 자발화가 어려운 친구를 위해 다른 친구들은 대사를 말해주고, 자발화가 어려운 친구는 몸으로 표현할 수 있어요.

이 활동은 학생들이 서로 도우며 모두가 참여할 수 있는 수업을 만들 수 있어 협동심을 길러 줄 수 있어요.

▲ 학생의 작품을 이용하여 오디오북 만들기

▲ 에듀테크를 활용하여 오디오북 만들기

릴레이 수업 — 감자가 만났어

《감자가 만났어》로 릴레이 수업 나눔을 했어요.

첫 번째 수업은 책 내용처럼 감자에게 새로운 친구를 만나게 해주어 〈사랑반 감자가 만났어〉 책을 만들었어요.

두 번째 수업은 '학교 텃밭'에서 직접 따는 체험을 하고, 이를 이용하여 모양을 만들었어요.

세 번째 수업은 '운율이 있는 문장'을 활용하여 채소와 과일의 특징을 익혔어요.

첫 번째 수업

- **활동 ①** 그림책 읽고 재미있었던 내용, 기억에 남는 내용 이야기하기
- **활동 ②** 〈사랑반 감자가 만났어〉 책 만들기
- **활동 ③** 친구들에게 책 소개하기

세 번째 수업

- **활동 ①** 그림책을 읽고 책 속에 나오는 과일과 채소 이름 알아보기
- **활동 ②** 그림책에 나오는 채소와 과일을 이용하여 만든 문장을 운율로 읽기
- **활동 ③** 채소와 과일의 특징을 읽고 알맞은 채소와 과일 찾아보기

두 번째 수업

- **활동 ①** 그림책을 읽고 책 속에 나온 채소 이름 알아보기
- **활동 ②** 텃밭에서 채소 따고 채소 이름 익히기
- **활동 ③** 감자와 내가 선택한 채소로 모양 만들기

> **참고** 수업 나눔일지(릴레이 수업)

《감자가 만났어》로 릴레이 수업 나눔을 실시했어요.

첫 번째 수업은 책 내용처럼 감자에게 새로운 친구를 만나게 해주어 〈사랑반 감자가 만났어〉 책을 만들었어요. 그림을 이용해 상상하여 꾸미고 그림에 어울리는 문장을 쓰는 활동을 할 수 있어요.

활동내용	
활동 1 《감자가 만났어》 읽기 – 재미있었던 내용, 기억에 남는 내용 이야기하기	
활동 2 〈사랑반 감자가 만났어〉 책 만들기 – 감자에게 새로운 친구 만나게 해주기	
활동 3 친구들에게 책 소개하기	

두 번째 수업은 '학교 텃밭'을 활용하여 4차시로 나누어 진행했어요. 학생들이 학교 텃밭에서 채소를 직접 따는 체험을 하고, 이를 이용하여 모양을 만들어요. 학생들의 작품 사진을 이용하여 동영상을 만들어요. 동영상에 학생들의 목소리를 녹음할 수 있어요.

수준	상	중	하
활동내용	**활동 1** 《감자가 만났어》 들려주기 – 책 속에 나온 채소 이름 알아보기		
	활동 2 텃밭에서 채소 따기 – 채소 이름 익히기		
	– 채소 이름 읽고 쓰기		– 채소 이름 듣고 가리키기
	활동 3 감자와 내가 선택한 채소로 모양 만들기 – 학생들 작품 사진으로 동영상 만들기		

세 번째 수업은 '운율이 있는 문장'을 활용하여 수업을 했어요. 교사가 채소와 과일의 특징이 드러나도록 문장을 만들어 제시해요. 학생들은 문장을 노랫말처럼 읽는 연습을 해요. 문장을 익힌 학생들은 채소와 과일의 특징을 읽고 알맞은 채소와 과일을 찾는 활동을 할 수 있어요.

수준	상	중	하
활동내용	**활동 1** 《감자가 만났어》 들려주고 책 속에 나오는 채소와 과일 이름 알아보기 – 책 속에 나온 채소 이름 알아보기		
	활동 2 그림책에 나오는 채소와 과일을 이용하여 만든 문장을 운율이 드러나게 읽고 채소와 과일 이름 쓰기		
	– 포스트잇에 스스로 적기	– 반투명 포스트잇을 활용하여 따라 쓰기	– 실물 채소와 과일 만져보며 탐색하기
	활동 3 채소와 과일의 특징을 읽고 알맞은 과일과 채소 찾아보기 – 채소와 과일 이름이 빠져 있는 문장을 보고 빈칸에 채소와 과일 이름이 적힌 포스트잇 붙이기		

특수교사의 특별한 TIP

꾸며주는 말 찾기 활동 시, 사전학습으로 도서관에서 책을 대출하고 반납하는 방법을 지도할 수 있어요. 사서 선생님께 책을 대출하고 반납하는 방법을 가르치는 것도 필요하지만, 도서관에서 빌리고 싶은 책을 컴퓨터로 검색하여 찾는 방법을 안내하는 것도 좋아요.

이런 책도 있어요

《숨바꼭질 ㄱㄴㄷ》 김재영 글·그림, 현북스, 2023.

《숨바꼭질 ㅏㅑㅓㅕ》 김재영 글·그림, 현북스, 2023.

《어서오세요 ㄱㄴㄷ 뷔페》 최경식 글·그림, 위즈덤하우스, 2020.

《한글 품은 한옥》 김도영 글·그림, 발견(키즈엠), 2022.

《받침구조대》 곽미영 글, 지은 그림, 만만한책방, 2023.

《자음의 탄생》 전정숙 글, 김지영 그림, 올리, 2022.

《ㄱㄴㄷ 바느질》 이새미 글·그림, 길벗어린이, 2022.

《표정으로 배우는 ㄱㄴㄷ》 솔트앤페퍼 글·그림, 소금과 후(킨더랜드), 2017.

《야호! 비온다!》 피터 스피어 글·그림, 비룡소, 2011.

《키득키득 재밌는 의성어 의태어》 김예실 글, 김희선 그림, 한빛에듀, 2021.

《말문이 탁 트이는 의성어 동시》 애플비, 2022.

《말문이 탁 트이는 의태어 동시》 애플비, 2022.

《손바닥 동물원》 한태희 글·그림, 예림당, 2002.

《나는 (   ) 사람이에요》 수전 베르데 글, 피터 H. 레이놀즈 그림, 김여진 옮김, 위즈덤하우스, 2021.

《걱정상자》 조미자 글·그림, 봄개울, 2019.

《나쁜씨앗》 조리 존 글, 피트 오즈월드 그림, 김경희 옮김, 길벗어린이, 2018.

마무리하며

북적북적, 함께여서 행복해요

책을 만들어 나가는 와중에 문득 고개 너머로 책 작업에 몰두하고 계신 선생님들의 얼굴이 눈에 들어왔어요. 제가 닮고 싶어 했던 얼굴들. 어린 시절 특수교사를 꿈꾸게 했던 선생님의 표정을 하고 있었어요.

아이들에게 좋은 수업을 주고 싶어 모인 선생님들이 이제는 같은 자리의 선생님들과 혹은 누군가의 보호자들과 함께 걸어가기 위해 책을 만들어요. 한 교실만을 책임지던 선생님들이 교실 담 너머까지 잔잔한 물결을 퍼뜨리고 있었지요.

한두 달에 한 번씩 선생님들은 그림책 이야기보따리를 가지고 오세요. 볼 때마다 반가운 선생님들의 이야기를 가만히 듣고 있으면, 똑똑! 학생들이 우리 선생님의 손을 꼭 붙잡고 들어오고 어느새 모임은 봄 소풍을 온 것처럼 북적북적해져요.

저희는 이 북적북적함을 사랑해요. 누가 먼저랄 것 없이 우리 반의 엉뚱하고 귀여운 일화를 풀어보는 일. 머리를 맞대고 그림책을 공부하는 시간, 나누었던 수업과 문장을 다듬는 일들. 함께여서 의미 있는 시간이라는 것을 다시 한번 깨닫는 시간이에요.

그렇게 그대로일 우리들

하루아침에 이루어지지 않는 물레질을 떠올려 보아요. 수만 번 어루만지다가도 한번 엉클어질 때면 다시 모양새를 갖춰야 하는 물레질. 뚝딱! 도깨비방망이처럼 주어지는 것이 아님을 알고, 언젠가는 훌륭한 도자기로 빚어져 고이 쓰이게 될 것을 기대하면서 어루만지고 어루만져요. 매일 선생님들은 이렇게 도자기 빚는 마음으로 자신의 하루와 학생들을 빚어가요.

이 책을 끝으로 마지막이 아니라, 정거장을 만들어 지나가요.

책을 덮고 나서도 우리는 그대로일 거예요. '그림책아 놀자' 특수교사 학습공동체 회원들은 다음 그림책을 정하고 모이는 날을 정할 거예요. 그리고 현장으로 돌아가서는 익숙한 듯이 좋은 교실을 만들고자 시간을 보낼 거예요. 각자가 꿈꾸는 행복한 교실을 위해 앞으로도 퇴근 후에도 함께 모여 학생들을 위해 고민하고 생각을 모으고 따뜻한 울타리 안에서 서로를 위해 이끌어 주고 위로하며 나아갈 거예요. 이러한 모든 과정과 결과가 학생들이 행복한 오늘이기를 그리고 이러한 생각을 함께해 주는 많은 분과 나누고 싶어요.

때로는 에세이처럼

때때로 이 책이 에세이처럼 읽혔으면 좋겠다는 생각도 해봐요. 현장에서 나와 같이 땀 흘리고 있는 누군가가 있다는 걸 느낄 수 있도록 작은 연대감을 선물하고 싶어요. 고이 진열장에 모셔진 책이 아닌 옆 반 선생님과 차 한잔 나누는 시간같이, 동네 놀이터에서 만난 친구같이 언제든 가볍게 꺼내어 볼 수 있는 책이었으면 해요.

이 책이 진정성 있는 동료로서 든든히 남아있기를 바랍니다.

[관계 맺기·마음 통통·새싹 문해력] 연계 2022 개정 특수교육 교육과정 핵심아이디어 분석표

관계맺기

순	연령	특성	체크	핵심아이디어	
				2022 기본교육과정 통합교과	2022 기본교육과정 사회과
1	0–1세	아동의 눈앞에서 움직이는 사람을 주시한다.		• 우리는 공동체의 구성원이자 삶의 주체로서 '지금, 여기서' 의미 있는 다양한 삶을 경험하고 표현하면서 자신만의 풍요로운 삶을 살아간다.	[나의 삶] • 사람들은 자신을 바르게 이해하고 일상에서 자기 결정과 자기 옹호를 실천하며 주체적인 삶을 살아간다. [관계의 삶] • 공감, 정직, 책임, 예절, 존중, 배려, 나눔의 태도를 생활 속에서 실천하는 것은 함께 살아가는 사람들의 모습이다. • 사람들은 다양한 사회적 관계를 형성하고 사회적 맥락과 역할에 알맞게 행동한다.
2		어른들의 보살핌에 반응하여 웃는다.			
3		보살핌에 반응하여 흥얼거린다.			
4		자기 자신의 손을 보고 때때로 미소 짓거나 웅얼거린다.			
5		미소 짓거나 흥얼거리거나 혹은 울음을 그침으로써 가족들에게 반응한다.			
6		다른 사람의 얼굴 표정에 반응하여 웃는다.			
7		거울에 모습이 비칠 때 미소 짓거나 웅얼거린다.			
8		어른들의 얼굴(머리카락, 코, 안경 등)을 두드리거나 잡아당긴다.			
9		제시된 물건에 손을 내민다.			
10		친숙한 사람들에게 나아가려고 한다.			
11		거울 속의 모습이나 혹은 다른 아동에게로 나아가 가볍게 치려고 한다.			
12		적어도 1분 동안 제시된 물건을 쥐고 살펴보려고 한다.			
13		손에 놓인 물건을 흔들거나 주물러 우연히 소리를 낸다.			
14		10분 동안 보살핌을 받지 않고도 논다.			
15		보살핌을 받을 때 2~3분간 때때로 눈이 마주치기를 원한다.			
16		어른이 활동하는 가까이에서 15~20분 동안 만족스럽게 혼자 논다.			
17		주의를 끌기 위해 말을 한다.			
18		까꿍 놀이를 모방한다.			

순	연령	특성	체크	핵심아이디어	
				2022 기본교육과정 통합교과	2022 기본교육과정 사회과
19	0-1세	어른들을 모방하여 손뼉을 치며 짝짜꿍 놀이를 한다.			[시민의 삶] • 사람들은 지속가능한 생태환경을 가꾸고 다양한 삶의 공간에서 경제주체로서 살아간다. • 사람들은 현재 삶의 맥락을 바탕으로 역사를 이해하고 다양한 문화를 향유한다. • 민주시민은 민주주의의 원리를 존중하고 일상에서 실천하며 세계시민의 자질을 기른다.
20		어른을 모방하여 "빠이빠이"하면서 손을 흔든다.			
21		어른을 모방하여 "참 크다" 하면서 팔을 든다.			
22		어른들에게 장난감, 물건, 먹을 것을 약간 내밀지만, 반드시 주지는 않는다.			
23		친숙한 사람들을 껴안고 톡톡 치고 입을 맞춘다.			
24		자기 이름에 대한 반응으로 바라보거나 가까이 온다.			
25		장난감을 주무르거나 흔들어 소리 내는 것을 모방한다.			
26		장난감이나 물건을 가지고 논다.			
27		손을 내밀어 어른에게 장난감이나 물건을 건네준다.			
28		놀이에서 다른 아동의 동작을 모방한다.			
29	1-2세	단순한 일(옷을 털거나 침구를 잡아당기거나 그릇을 잡는다)에서 어른을 모방한다.			
30		각기 별개의 행동을 하면서 다른 아동과 논다.			
31		다른 아동과 2~5분간 차를 밀거나 공을 굴리면서 놀이에 참여한다.			
32		어른이 계속 없을 때 처음엔 아동이 소란스럽게 굴다가 놀이를 계속한다.			
33		자신의 환경을 적극적으로 탐색한다.			
34		다른 사람과 물건을 다루는 놀이(줄을 당긴다, 손잡이를 돌린다)에 참여한다.			
35		인형이나 부드러운 장난감을 품에 안고 나른다.			
36		웃음과 관심을 끌 행동을 반복한다.			
37		어른에게 책을 읽어달라고 건네준다.			

순	연령	특성	체크	핵심아이디어	
				2022 기본교육과정 통합교과	2022 기본교육과정 사회과
38	1–2세	다른 사람에게 어떤 행동이나 물건을 보여주기 위해 사람을 끌어당긴다.			
39		계속 접근하지 못하게 한 물건 가까이 갔을 때 "안 돼"라고 말하며 손을 움츠린다.			
40		높은 의자나 움직이는 책상 위에 놓여졌을 때 필요한 도움을 기다린다.			
41		2세 혹은 3세 또래 아이들과 함께 논다.			
42		다른 아동들과 함께 하라고 했을 때 물건이나 음식을 나눈다.			
43		잘 아는 또래 아동들이나 친숙한 어른들에게 인사한다.			
44	2–3세	부모가 부탁했을 때 50% 돕는다.			
45		지시에 따라 다른 방에서 물건을 가져오거나 사람을 데려온다.			
46		5~10분짜리 음악이나 이야기에 주의를 기울인다.			
47		시켰을 때 "미안하지만"과 "고맙습니다"를 말한다.			
48		집안일 중의 하나(쓰레받기를 잡는다)를 함으로써 부모를 도와준다.			
49		어른 옷을 입고 논다.			
50		물어 볼 때 선택을 한다.			
51		사랑, 분노, 슬픔, 즐거움 등과 같은 것을 언어로 표현함으로써 감정을 드러내 보인다.			
52	3–4세	음악에 따라 노래하고 춤춘다.			
53		다른 아동들의 행동을 모방함으로써 규칙을 따른다.			
54		시키지 않아도 친숙한 어른들에게 인사한다.			
55		어른이 이끄는 집단 놀이에서 규칙들을 따른다.			
56		다른 또래 아동이 가지고 노는 장난감을 사용하려 할 때 허락을 구한다.			

순	연령	특성	체크	핵심아이디어	
				2022 기본교육과정 통합교과	2022 기본교육과정 사회과
57	3-4세	시키지 않아도 "미안합니다", "고맙습니다"라는 말을 50% 정도 사용한다.			
58		전화를 받고 어른을 부르러 가거나 친숙한 사람에게 말한다.			
59		차례를 지킨다.			
60		다른 나이 많은 아동이 이끄는 단체 놀이에서 규칙을 따른다.			
61		어른의 요구에 75% 정도 따른다.			
62		지정된 지역에서만 논다.			
63		30분 정도 자기 자신의 계획대로 놀 때 다른 아동과 곁에서 놀면서 함께 이야기한다.			
64	4-5세	어려움에 처했을 때(욕실에 있거나 마실 것을 청할 때) 도움을 청한다.			
65		어른의 대화에 참여한다.			
66		다른 사람을 위해 동요, 노래 혹은 율동 등을 반복한다.			
67		20~30분 동안 혼자서 집안일을 한다.			
68		주의를 주지 않아도 75% 정도는 스스로 사과한다.			
69		여덟, 아홉 명의 다른 아동들과 함께 순서를 지킨다.			
70		20분 동안 2~3명의 아동과 함께 논다.			
71		공공장소에서 사회적으로 받아들여질 수 있는 행동을 한다.			
72		다른 사람의 물건을 사용할 때 75% 정도는 허락을 구한다.			
73	5-6세	화나고 행복하고 사랑하는 자기 자신의 감정을 말한다.			
74		계속적인 감독 없이도 4~5명의 아동과 함께 공동으로 하는 놀이를 한다.			
75		다른 사람에게 놀이의 규칙을 설명한다.			
76		어른의 역할을 모방한다.			

순	연령	특성	체크	핵심아이디어	
				2022 기본교육과정 통합교과	2022 기본교육과정 사회과
77	5-6세	식사시간에 대화에 참여한다.			
78		말 연상 놀이의 규칙을 따른다.			
79		놀이 중에 도움이 필요한 친구가 있으면 도와주고 위로해 준다.			
80		친구를 선택한다.			
81		좋아하는 비행기, 지레받침, 지렛대, 도르래 같은 간단한 도구들을 사용하여 설계하고 조립한다.			
82		스스로 목표를 정하고 실행한다.			
83		인형을 이용하여 이야기를 꾸민다.			

순	연령	특성	체크	핵심아이디어	
				2022 기본교육과정 통합교과	2022 기본교육과정 사회과
1	1세	현재 일어나고 있는 실제 상황만 표상할 수 있다.		• 우리는 공동체의 구성원이자 삶의 주체로서 '지금, 여기서' 의미 있는 다양한 삶을 경험하고 표현하면서 자신만의 풍요로운 삶을 살아간다.	[나의 삶] • 사람들은 자신을 바르게 이해하고 일상에서 자기 결정과 자기 옹호를 실천하며 주체적인 삶을 살아간다. [관계의 삶] • 공감, 정직, 책임, 예절, 존중, 배려, 나눔의 태도를 생활 속에서 실천하는 것은 함께 살아가는 사람들의 모습이다. • 사람들은 다양한 사회적 관계를 형성하고 사회적 맥락과 역할에 알맞게 행동한다.
2		다른 장소나 시간에서 일어나는 상황도 표상할 수 있다.			
3		엄마와 타인을 구분한다.			
4		상호작용에 의한 사회적 미소를 짓는다.			
5		낯을 가린다.			
6	2세	타인의 욕구나 심적 상태를 이야기한다.			
7		바람만이 행동의 원인이라고 생각한다.			
8		눈에 보이는 상황과 연관 지어 마음 상태를 묘사한다.			
9		혼자 남겨지거나 놀라운 소리, 어두운 곳 등을 무서워한다.			
10		부모 이외의 자신이 늘 갖고 있던 대상 중 하나에 대해서 애착을 형성한다.			
11		적극이고 다양한 형태의 기쁨을 표현하기 시작한다.			
12		기쁜 일에 대해서 깡충깡충 뛰거나 소리를 지른다.			
13		떼를 쓴다.			
14		질투반응을 나타낸다.			
15		공포나 불안을 느끼거나 부모의 관심을 끌기 위해 운다.			
16	3세	타인과 자신의 심적 상태를 구분한다.			
17		시각적인 공포가 시작되어 개나 고양이 등 동물을 겁낸다.			
18		또래간의 애정행동들이 나타나기 시작한다.			
19		언어가 발달함에 따라서 기쁨을 말로 표현한다.			
20		격렬한 분노를 표출한다.			

순	연령	특성	체크	핵심아이디어	
				2022 기본교육과정 통합교과	2022 기본교육과정 사회과
21	4세	타인의 마음은 이해하나 정확한 의도는 알지 못한다.			[시민의 삶] • 사람들은 지속가능한 생태환경을 가꾸고 다양한 삶의 공간에서 경제주체로서 살아간다. • 사람들은 현재 삶의 맥락을 바탕으로 역사를 이해하고 다양한 문화를 향유한다. • 민주시민은 민주주의의 원리를 존중하고 일상에서 실천하며 세계시민의 자질을 기른다.
22		현실과 마음속 표상이 다를 수 있음을 깨닫는다.			
23		바람보다는 믿음을 먼저 고려하여 사람의 행동을 설명한다.			
24		눈에 보이지 않는 마음 상태를 표상한다.			
25		다른 사람이 어떤 생각을 하고 있는지를 안다.			
26	5세	자신과 타인의 생각이 다름을 이해한다.			
27	5-6세	상대방의 의도적인 행동과 우연한 행동을 구분한다.			
28	7-8세	상대방의 의도를 어느 정도 이해한다.			
29	9세	성인과 같은 수준으로 상대방의 의도를 정확히 이해한다.			

순	연령	특성	체크	핵심아이디어	
				2022 기본교육과정 통합교과	2022 기본교육과정 사회과
1	0-1세	다른 사람의 소리를 반복한다.		[듣기·말하기] • 듣기·말하기는 언어, 준언어, 비언어, 매체 등을 활용하여 서로의 생각과 감정을 주고받는 행위이다. • 화자와 청자는 상황 맥락 및 사회·문화적 맥락 속에서 의사소통 목적을 달성하기 위하여 다양한 유형의 담화를 듣고 말한다. • 화자와 청자는 의사소통 과정에 협력적으로 참여하고 듣기·말하기 과정에서의 문제를 해결하기 위해 적절한 전략을 사용하여 듣고 말한다. • 화자와 청자는 듣기·말하기에 흥미를 가지고 적극적으로 참여하면서 담화 공동체 구성원으로 성장하고, 상호 존중하고 공감하는 소통 문화를 만들어 간다.	[듣기·말하기] • 듣기·말하기는 말소리, 준언어, 비언어, 보완대체 의사소통, 매체를 활용하여 의미를 수용하고 표현하는 과정이다. • 말하는 이와 듣는 이는 서로의 의사소통 표현 방식과 이해 능력을 고려하여 상황 맥락에 적합한 전략을 사용하여 듣고 말한다. • 말하는 이와 듣는 이는 상호 존중의 대화 예절을 지키며, 적극적으로 듣고 말한다.
2		같은 음절을 2~3번 반복한다(마, 마, 마).			
3		몸짓에 몸짓으로 반응한다.			
4		몸짓이 함께 수반될 때 간단한 지시를 수행한다.			
5		"안 돼"라고 말했을 때 적어도 75% 정도 행동을 멈춘다.			
6		간단한 질문에 비언어적 반응으로 대답한다.			
7		두 개의 서로 다른 음절들을 말한다.			
8		타인의 음성 억양을 모방한다.			
9		물건 혹은 사람에게 명칭을 붙이는 데 의미있게 한 단어를 사용한다.			
10	1-2세	다른 사람의 말에 대한 반응으로 소리를 낸다.			
11		다섯 개의 다른 단어들을 말한다(다른 물건들을 의미 있는 같은 단어를 사용할 수 있다).			
12		"(조금) 더"를 요구한다.			
13		"(하나도) 없다"라고 말한다.			
14		세 개의 다른 언어 지시에 따라 한 번에 하나씩 수행한다.			
15		시키면 "주세요" 혹은 "보여 주세요"라고 한다.			
16		이름을 말해 줄 때 열두 개의 친숙한 물건들을 가리킨다.			
17		이름을 말해 줄 때 책에서 3~5개의 그림을 가리킨다.			
18		자신의 신체 세 부분을 가리킨다.			
19		요구를 할 때에 자신의 이름 혹은 별명을 말한다.			
20		"이것이 무엇이니?"라는 질문에 물건 이름으로 대답한다.			
21		자신의 필요가 알려지도록 몸짓과 말을 사용한다.			

순	연령	특성	체크	핵심아이디어	
				2022 기본교육과정 통합교과	2022 기본교육과정 사회과
22	1–2세	애완동물을 포함해서 다섯 명의 다른 가족들의 이름을 말한다.		[읽기] • 읽기는 독자가 자신의 배경지식이나 경험을 활용하여 언어를 비롯한 다양한 기호나 매체로 표현된 글의 의미를 능동적으로 구성하는 행위이다. • 독자는 다양한 상황 맥락과 사회·문화적 맥락 속에서 자신의 읽기 목적을 달성하기 위하여 다양한 유형의 글을 읽는다. • 독자는 읽기 과정을 점검·조정하며 읽기 과정에서 부딪히는 문제를 해결하기 위해 적절한 읽기 전략을 사용하여 글을 읽는다. • 독자는 읽기 경험을 통해 읽기에 대한 긍정적 정서를 형성하고 삶과 공동체의 문제 해결을 위해 공동체 구성원과 함께 독서를 통해 소통함으로써 사회적 독서 문화를 만들어 간다.	[읽기] • 읽기는 읽는 이가 가진 배경지식과 그림, 글, 매체에 제시된 정보를 통합하여 의미를 형성해가는 과정이다. • 읽는 이는 자신의 읽기 목적에 맞게 다양한 그림, 글, 매체 자료를 적절한 읽기 전략을 사용하여 읽는다. • 읽는 이는 다양한 그림, 글, 매체 자료에 흥미를 느끼며 즐겨 읽는다.
23		네 가지 장난감 이름을 말한다.			
24		동물 소리를 내거나 동물 이름 대신에 그 소리를 사용한다.			
25		일상적인 음식물 몇 가지를 보여줄 때 이름으로 요구한다.			
26		단어나 구의 끝에서 억양을 높임으로써 질문을 한다.			
27		인형 혹은 다른 사람의 신체 세 부분 이름을 말한다.			
28		긍정 혹은 부정의 질문에 "예/ 아니오"로 대답한다.			
29	2–3세	두 단어 구(공, 의자, 내 공)에서 명사 혹은 형용사와 명사를 연결하여 말한다.			
30		두 단어 구(아빠 가)에서 명사와 동사를 연결하여 말한다.			
31		화장실에서 사용되는 단어를 사용한다.			
32		두 단어 표현(여기 의자)에서 "여기", "저기"와 같은 동사 혹은 명사를 연결하여 말한다.			
33		소유를 표현하기 위해서 두 단어를 연결하여 말한다(아빠 차).			
34		"없다/ 아니다"를 사용하여 말한다.			
35		일상적인 활동에 대해서 "~을 하고 있니?"라는 질문에 대답한다.			
36		"어디에?"라는 질문에 대답한다.			
37		아동에게 친숙한 소리를 구별하여 말한다.			
38		복수형으로 말했을 때 하나 이상의 물건을 준다.			
39		아동이 자신의 이름으로 자신을 칭하여 말한다.			

순	연령	특성	체크	핵심아이디어	
				2022 기본교육과정 통합교과	2022 기본교육과정 사회과
40	2~3세	물건의 용도가 설명될 때 물건의 그림을 가리킨다.		[쓰기] • 쓰기는 언어를 비롯한 다양한 기호나 매체를 활용하여 인간의 생각과 감정을 글로 표현함으로써 의미를 구성하는 행위이다. • 필자는 상황 맥락 및 사회·문화적 맥락 속에서 자신의 의사소통 목적을 달성하기 위하여 다양한 유형의 글을 쓴다. • 필자는 쓰기 과정에서 부딪치는 문제를 해결하기 위하여 적절한 쓰기 전략을 사용하여 글을 쓴다. • 필자는 쓰기 경험을 통해 언어 공동체의 구성원으로 성장하고, 쓰기 윤리를 갖추어 독자와 소통함으로써 바람직한 의사소통 문화를 만들어 간다.	[쓰기] • 쓰기는 다양한 맥락 속에서 문자 언어, 보완대체의사소통, 매체를 활용하여 자신의 감정과 생각을 표현하는 과정이다. • 쓰는 이는 다양한 상황 맥락에서 자신의 쓰기 목적을 달성하기 위하여 활용할 수 있는 방법과 형태로 글을 쓴다. • 쓰는 이는 다양한 쓰기 경험을 통해 흥미를 느끼며 다른 사람과 소통하는 즐거움을 느낀다.
41		나이를 말하기 위해 손가락을 사용한다.			
42		질문할 때 자신의 성별을 말한다.			
43		관련된 두 가지 지시를 수행한다.			
44		"~하는 중이다"의 동사 형태로 말한다.			
45		복수형으로(책/ 책들) 말한다.			
46		"이것이 무엇이지?"라는 질문을 한다.			
47		음성 크기를 90% 조절한다.			
48		"이것", "저것"을 사용하여 말한다.			
49		"~이다"를 사용하여 ("이것은 공이다") 말한다.			
50		자신의 이름보다는 "나, 나를, 내 것"으로 말한다.			
51		물건을 지적하면서 "~가 아니다"라고 말한다.			
52		"누구"라는 질문에 이름으로 대답한다.			
53		명사들의 소유격 형태(아빠의)를 사용하여 말한다.			
54		몇몇 종류의 명칭을 사용한다.			
55		가끔 "~할 수 있다" 혹은 "~할 것이다"를 말한다.			
56		"열렸다" 혹은 "닫혔다"로 표현한다.			
57	3~4세	적절할 때 의문문 끝에 "이니?"를 붙여 말한다.			
58		이야기를 읽어 주는 동안 5분 정도 주의를 기울인다.			
59		관계 없는 두 가지 지시를 수행한다.			
60		질문하면 완전한 이름(성 포함)으로 대답한다.			
61		"어떻게"라는 간단한 질문에 대답한다.			
62		과거 형태를 사용하여 말한다.			
63		바로 전에 경험한 일들을 이야기한다.			

순	연령	특성	체크	핵심아이디어	
				2022 기본교육과정 통합교과	2022 기본교육과정 사회과
64	3–4세	친숙한 물건들이 사용되는 방법을 말한다.			
65		"하려고 한다/ 해야 한다/ 하고 싶다"로 미래에 일어날 일을 표현한다.			
66		일어난 순서대로 두 가지 사건을 말한다.			
67	4–5세	일련의 세 가지 지시들을 수행한다.			
68		수동문에 대한 이해를 보인다(남자아이가 여자아이를 때렸다/ 여자아이가 남자아이한테 맞았다).			
69		요구할 때 물건들/ 그림들의 쌍을 찾을 수 있다.			
70		말에서 "할 수 있을 텐데, 할 텐데"를 사용한다.			
71		복합문을 사용한다(내가 공을 찼는데 길거리에 떨어졌다).			
72		요구에 따라 물건의 위와 아래를 찾을 수 있다.			
73		그림에서 불합리한 점들을 지적할 수 있다.			
74		"언니(누나), 형(오빠), 동생, 할머니, 할아버지"라는 단어를 사용한다.			
75		비교되는 문장을 제시할 때 반대말을 말한다.			
76		도움 되는 그림 없이 친숙한 이야기를 말한다.			
77		특정한 종류에 속하지 않는 그림의 이름을 말한다.			
78		두 단어의 끝소리가 같은지 다른지를 말한다.			
79		복문을 사용한다(~때문에 엄마가 나더러 들어오라고 하셨어).			
80		소리가 큰지 혹은 작은지를 말할 수 있다.			
81	5–6세	"조금, 많이, 여러 개"를 가리킬 수 있다.			
82		주소를 말한다.			
83		전화번호를 말한다.			

순	연령	특성	체크	핵심아이디어	
				2022 기본교육과정 통합교과	2022 기본교육과정 사회과
84	5-6세	"가장 많은, 가장 적은, 조금"을 가리킬 수 있다.			
85		간단한 농담을 말한다.			
86		매일의 경험을 말한다.			
87		"통해서, 멀리, ~로부터, ~로, ~위로" 등을 사용해서 위치 혹은 움직임을 묘사한다.			
88		"왜?"라는 질문에 이유를 설명한다.			
89		3~5가지 부분으로 이어지는 이야기를 한데 맞추고 이야기한다.			
90		단어들을 정의한다.			
91		'~의 반대'를 말할 수 있다.			
92		"만약 ~(계란을 떨어뜨린다)라면 무슨 일이 일어날까?"라는 질문에 대답한다.			
93		어제와 오늘을 의미 있게 사용한다.			
94		새로운 혹은 낯선 단어들의 의미를 묻는다.			

참고 문헌

- 박선화, 「기초학력 보장을 위한 문해력, 수리력 진단도구 개발(Ⅰ) – 문해력, 수리력의 수준별 성취 기준 개발을 중심으로 (RRI 2020-7)」, 한국교육과정평가원, 2020

- 김태은, 양정실, 「광의의 기초학력의 개념 및 기초학력과 학력 간의 관계」, 2019

- 서울대학교 교육연구소, 「난독증 및 읽기 부진 학생 대상 프로그램의 효과 분석: 난독증 아동청소년 전문 치료프로그램을 중심으로」, 2018

- 엄진명, 이필상, 「유아기 언어발달지연을 겪은 다문화가정 학생의 문해력 발달에 관한 초등학교 일반 교사의 인식 연구」, 2015

- 한국고전연구학회, 「대학 교양 글쓰기와 문해력」, 2022

- 2015 특수교육 교육과정 총론

- 2022 특수교육 교육과정 총론

- 한국독서학회, 「초기 문해력 측정을 위한 간편 읽기 검사 개발」, 2016

- 청람어문교육학회, 「기초 문해력과 읽기 부진 지도」, 2019

- 한국언어청각임상학회, 「학령전 '언어 및 발현 문해능력'과 초등학교 1, 2학년 문해력 수준 간의 관계: 데이터 마이닝 의사결정나무모형 분석」, 2021

- 한국초등국어교육학회, 「초기 문해력 교육의 현황과 과제」, 2017

- 대구대학교 한국특수교육문제연구소, 「경도지적장애인의 마음읽기와 언어발달에 관한 연구」, 2014

- 한국발달심리학회, 「학령기와 그 이후의 마음이해 발달: 애매한 상황에서의 마음읽기 능력」, 2007

- 한국특수아동학회, 「그림책을 활용한 이야기나누기 활동이 발달지체아동의 마음이론에 미치는 효과」, 2009

- 한국학습장애학회, 「문해력이 낮은 장애 청소년을 위한 대체도서 개발 연구」, 2015

- 대구대학교 특수교육재활과학연구소, 「동화 애니메이션을 활용한 언어지도가 학습장애아동의 어휘력에 미치는 효과」, 2005

- 성신여자대 학교교육문제연구소, 「총체적 언어교육 프로그램이 학습장애 학생의 단어재인 능력에 미치는 효과」, 2010

- 송윤나, 「그림책을 활용한 영유아 사회성 발달 관련 국내 학술지 연구동향」, 2021

- 노은희, 「2022 개정 국어과 교육과정 시안 개발 연구」, 2022

- 이혜영, 「사회성 그림책 읽기 활동이 초등학교 저학년 사회성 향상에 미치는 효과」, 2016

- 최나야, 정수지 외 3명, 「EBS 문해력 유치원」, 2022

- 미국 국립아동보건인적개발원(National Institute of Child Health and Human Development, NICHD), '아동 및 청소년 발달 연구(Study of Early Child Care and Youth Development, SECCYD)'

- 한국아동발달심리센터, 정서발달, http://www.kidsbaldal.co.kr/ez/inc.php?inc=company/sub6

- 강순구, 조윤경, '포테이지 아동발달검사', 1985

- 경상남도교육청, 일반교사와 특수교사를 위한 특수교육 대상 학생 초등학교 입학적응지원, 2017

- 국립특수교육원, 특수교육학 용어사전, 2018
- 이향근 외 9인, 「5학년 2학기 국어」, ㈜미래엔, 2023
- 아나예나스, 컬러몬스터 학교에 가다, 2020
- 이라일라, 너에게 주는 말선물, 2021
- 김효은, 우리가 케이크를 먹는 방법, 2022
- 피터H.레이놀즈, 단어수집가, 2018
- 수초이, 감자가 만났어, 2017
- 미야나시 타츠야, 말하면 힘이 세지는 말, 2015
- 메리앤 코카-레플러, 오늘 내 기분은, 2015
- 다원시, 짧은 귀 토끼, 2006
- 알렉스 쿠소, 샤를의 기적, 2013